# RENÉ GONZÁLEZ
# PODEMOS LOGRARLO

*"Manténgase enfocado en
medio de sus procesos"*

PODEMOS LOGRARLO
Derechos Reservados @2016, René González

Edición:
    Claribel Hernández Colón
    Lina Collazos Sandoval
Diseño de portada:
    Miguel Ángel Gómez
Fotografía:
    Jorge Rodríguez
Diseño diagramación:
    Lord & Loly Graphics Designs
    www.lordloly.com

ISBN # 978-0-692-55838-6

Impreso en Puerto Rico.

# DEDICATORIA

**H**ay tres personas de quienes viviré siempre agradecido y a ellas he decidido dedicar este libro.

En primer lugar dedico este libro a un amigo, un hermano, un padre a un pastor; al Dr. Alberto Radamés Arias. Jamás olvidaré cómo usted siempre creyó en mí, desde el primer día en que me vio. ¡Le debo mucho Dr. Arias... le debo mucho!

A mi mejor mitad, a mi hermosa y transparente esposa, Damaris. Tú me completas, tú me perfumas, me vistes y me engrandeces. ¡Definitivamente, continúas siendo mi mejor elección!

A ti, mi Rey, mi Dios, mi Amigo y mi respirar. Gracias por compartir Tu grandeza conmigo. Gracias por Tu empeño en que el mundo me conozca. ¡Daré lo mejor de mí para representarte con altura mi Capitán!

# AGRADECIMIENTOS

Agradezco a cada persona que ha hecho posible la publicación de éste mi segundo libro.

Al Dr. Luis Ángel Díaz Pabón, gracias por su apoyo y amistad. Para mí usted es un general a quien admiro y respeto.

Claribel Hernández Colón, tu fineza le saca brillo a lo que sea. Gracias por editar este mi libro y hacer lucir cada pensamiento transmitiéndolo con la altura que te caracteriza.

Luis De Jesús, tu casa, hermanito es un oasis de bendición, tu amistad me fortalece.

Pastora Myrna Ramos, gracias por ser brazo fuerte para Damaris y para mí en esa asignación divina llamada Casa de Júbilo. Gracias por tomar de tu valioso tiempo para transcribir este libro.

Gracias al Pastor Sammy Ocasio por su lealtad, carácter y brazo fuerte.

Al Pastor William Santiago, tu ojo de águila nos provoca ver las cosas desde la altura correcta, gracias por ver mas allá... no cierres tus ojos... hay más para ver.

Lina Collazos, por tu ayuda incondicional. Por revisar este escrito y por inyectarme fe al decir: ¡Dele pastor, este es el tiempo. Podemos lograrlo!

A mis suegros Pastora Miriam y Pastor Antonio Grillo, ustedes han completado mi equipo. Los amo, admiro y respeto. Son ejemplo a seguir.

A mi hermano, el Pastor Ángel Vergara; y quien fuera mi asistente personal. Aún en la distancia sigues siendo un amigo incondicional, brazo leal, mi mejor crítico y la definición encarnada de la fidelidad.

¡Por todos ustedes, este libro es una realidad! ¡Gracias!

# CONTENIDO

Solo puede hablar de logros aquel quien los ha alcanzado. Solo está autorizado a guiarte a través del camino del éxito, aquel que lo ha transitado. El autor de este libro, Pastor René González, no solo ha obtenido grandes logros saboreando el éxito, sino que ha obtenido el mayor de ellos...se ha conquistado así mismo. ¡Para Dios, es esto lo más valioso!

La Biblia declara:

> *"Porque ¿qué aprovechará al hombre si ganare todo el mundo y perdiera su alma. ¿O qué recompensa dará el hombre por su alma?".*
> *Marcos 8:36-37*

Los logros del autor de este magnífico ejemplar comienzan precisamente consigo mismo. Son ellos el dominio propio y la sabiduría que ha adquirido en lo íntimo de Dios las que le han permitido sujetar su alma y conquistar su espíritu. Sin duda alguna, para cualquier ser humano viajar alrededor del mundo, es una experiencia enriquecedora en el ámbito social y cultural que añade una visión amplia y una perspectiva de incalculable valor. El Pastor René González, ha vivido en sabiduría esta experiencia en los más recónditos, solitarios y hermosos parajes. Allí ha mostrado ser fiel sin quedar mareado, atrapado, ni postrado ante los reinos de este mundo. Su espíritu y carácter, llenos de eternidad, no le han permitido que ningún tapón de mundo le atasque.

*"Engañoso es el corazón más que todas las cosas, y perverso: ¿quién lo conocerá? Yo Jehová, que escudriño la mente, que pruebo el corazón, para dar a cada uno según su camino, según el fruto de sus obras". Jeremías 17: 9*

El Pastor René conoce de logros; nadie me lo ha contado, lo he observado y compartido a través de la amistad que me une a este hombre de Dios y a su familia, por los últimos 25 años. Con cautela y curiosidad, he perseguido y auscultado el secreto que le ha dado acceso hasta el corazón de Dios. Con premura he anhelado imitarlo porque como ser humano y mentor le admiro, respeto y amo.

El secreto... su humildad. Su fórmula, no estorbarle el paso a Dios moviéndose del camino para que Él haga. Su desecho, no confiar en la propia prudencia; su pasión, las almas, que la humanidad conozca a su Salvador. Su mayor logro, una familia; su corona, una mujer virtuosa que lo respeta, ama y vive esperándolo aunque esté de viaje hasta los confines de la tierra. Su galardón, tres hijos que aman a Dios. Su jornada y corazón, Casa de Júbilo… Su mayor arma, una voz!!!

*Podemos Lograrlo*, es el tesoro del corazón de un hombre que en varias ocasiones ha alcanzado la cima de sus sueños. Es poseedor de verdades poderosas que compartirá con todos nosotros. Como niños sedientos apropiémonos de este alimento bueno, que sin leche adúltera nos llevará por la ruta del cambio hacia la consecución de tus logros y sueños más preciados.

Estoy segura que será esta lectura la que te impulse hacia un nuevo tiempo. Recibe la sabiduría que de Dios ha recibido un hombre; uno que en medio de su imperfección humana, se ha guardado en lo que es su ser interior manteniendo pura su esencia, su ser, y su espíritu en su camino hacia el cielo. Estoy dispuesta, ¿y usted?

*Claribel Hernández Colón*

E l Teatro Tapia estaba lleno y atento al certamen, el ambiente era agradable y yo estaba en buena compañía cristiana. De pronto algo sobresalió de lo ordinario, un delgado jovencito cantaba como los ángeles. Su presentación captó mi atención e impactó mi espíritu. De inmediato supe que aquella voz tenía un toque celestial. La canción se llamaba *"No te rindas"* y fue interpretada de manera magistral. No había duda, esa noche los presentes estábamos presenciando el nacimiento de un ministro. Sin importar en qué lugar quedara en la competencia, en el corazón de Dios aquel joven tenía un lugar especial.

Fue la primera vez que vi a René González, igualmente la primera de muchas veces que me bendijo con su ministración.

Hace sólo unos minutos terminé de leer el manuscrito que me confió de su nuevo libro

*Podemos Lograrlo*, y una vez más la gracia y la claridad de su mensaje me conmovieron.

En *Podemos Lograrlo* aflora la gracia pastoral, el toque personal y la comprensión de un padre. René hace en este libro un trabajo magnífico. Lejos de todo matiz legalista, toma de la mano al lector y lo acompaña a través de un proceso de motivación, crecimiento y edificación.

De ninguna manera el lector sentirá que está leyendo un libro superficial y sin fundamento. En cada página del texto encontrará citas de las Escrituras que dan base a sus explicaciones. El ágil razonamiento del autor le sorprenderá, llevándole a ver detalles que sólo un corazón que ha vivido el proceso del trillo y la experiencia puede descubrir.

Tampoco se sentirá solo leyendo *Podemos Lograrlo*. Es tan sincero y personal que a veces creerá que René está sentado a su lado. Se tropezará con ocurrencias que le harán reír y toques de sensibilidad que le harán llorar.

Durante la lectura, por momentos me sentí cerca del jovencito del Tapia, y en otros admiré y respeté al pastor del altar. Así es René, jovial como un muchacho y maduro como un apóstol. Así es su libro, fácil de digerir y poderoso para edificar.

En *Podemos Lograrlo* descubrirá que Dios ha dicho cosas importantísimas sobre usted; que es trascendental creer eso que Dios ha dicho y que algo emocionante está sucediendo hoy. Descubrirá que soñar es bueno y que despertar para ver cumplida la promesa de Dios es aún mejor. También verá que hay una ciencia divertida en aprender a relacionarse correctamente, con el propósito de fortalecer el desarrollo del plan de Dios para usted.

En este libro el pastor René González nos da indicaciones para enfrentar en nuestra vida los procesos de transición y los tiempos de prueba, que nos hacen mayor bien de lo pensado. *Podemos Lograrlo* nos obliga a razonar y entender que los tiempos duros no definen el futuro, sino que más bien son nuestras respuestas o reacciones a estas temporadas difíciles las que definen nuestro futuro.

Finalmente se deleitará comprendiendo que el tiempo de la bendición ha llegado, que nada impedirá que usted la obtenga y que la perseverancia es clave para la plena victoria. *Podemos Lograrlo* es un libro de riquezas, atesórelo.

*Luis Ángel Díaz-Pabón*

# INTRODUCCIÓN

Agradezco tu valioso tiempo y el prestar atención a lo que voy a compartir contigo. "Obedecer es mejor que los sacrificios" declara la palabra y estoy convencido que lo recibido impartirá a tu vida la fuerza, para hacer cambios en tu percepción y en la forma que estás viendo las cosas que giran en torno a ti. Recuerda siempre que tu presente afectará tu futuro. Es mi deseo que esta lectura provoque un sacudimiento en tu interior que te impulse a vivir a plenitud sin temores paralizantes. Que te motive a cerrar capítulos viejos en tu transitar por la vida.

Prepárate para que escribas un nuevo capítulo en tu libro, porque lo que viene es mil veces mejor que lo que has vivido. Dios quiere sorprenderte, el cielo está desatando lo mejor de Dios para bendecir lo mejor de la tierra, y lo mejor de la tierra, eres tú.

En primer lugar comenzaré hablando de la palabra *"poder"*. Conforme al diccionario Vox, existen varias definiciones para esta palabra:

Poder:

- Es tener permiso legal para ejecutar algo.

- Fuerza o eficacia que tiene una persona para producir un efecto.

- Autoridad para mandar, dominar o influir sobre los demás.

- Es la capacidad que posee una persona para actuar.

- Tener fuerza para vencer o derrotar a otros.

Existe tanta riqueza en la palabra "poder", más se necesita de alguien como tú para activar esa riqueza. La palabra en sí misma no tiene efectividad.

*Podemos Lograrlo* es el título de éste, mi segundo libro. La palabra "podemos" es el indicativo presente de "poder"; lo que sugiere que es ahora, en este preciso momento. Que aún se puede, que es hora de actuar. Es un si seguro. No está hablando del pasado, mucho menos del futuro. "Podemos" es una insistencia al hoy, que no admite demora.

Recuerda que tu pasado, quedó atrás y tu futuro depende de tus decisiones en el presente, pero si es difícil para ti lidiar con tu presente, es porque no has resuelto asuntos de tu pasado. "Podemos" es una oportunidad que nos insta a soltarnos de cualquier lazo de nuestro pasado; es una ventana abierta hacia nuevos horizontes.

La palabra "lograrlo" es conseguir u obtener una cosa que se desea. Habla de intentarlo, de impulsarnos a determinada cosa. Es el punto de fe, el impulso donde comienzan las conquistas. "Lograrlo" es el sello, es el permiso. Entonces no digas: "No lo lograré", si no has intentado lograrlo.

**NO DIGAS: "NO LO LOGRARÉ", SI NO HAS INTENTADO LOGRARLO.**

Retomando la palabra "poder" y considerando sus definiciones, aún cuando no he sido movido por el atractivo de la misma, más bien, he sido movido por el mismo Espíritu Santo de Dios; me dirijo a ti con un corazón sencillo y sensible. Estoy convencido de que dentro de ti existen todos los recursos y el potencial para clamar a voz en cuello "¡Podemos Lograrlo!".

No quiero pasar por alto que en el lenguaje griego, la palabra "poder" cobra un sentido de mayor relevancia. La palabra que define poder es "dunamis". "Dunamis" que traducido a nuestra lengua es "dinamita". ¡Aleluya!

"Dunamis" es la capacidad de traspasar cualquier cosa, no importa su solidez. Es un detonante con la magnitud de derribar lo que te impide llegar al otro lado.

La Biblia dice:

> *"Porque no nos ha dado Dios*
> *espíritu de cobardía, sino de poder,*
> *de amor y de dominio propio".*
> *2 Timoteo 1:7*

Permíteme preguntarte lo siguiente:

- ¿Qué te detiene?
- ¿A quién le temes?
- ¿Quién dice que no podrás?

La inversión que Dios ha hecho en ti, es inmensamente grande. Él sabe dónde invertir y cuando Él invierte, lo hace para ganar. Por eso te eligió a ti. Él te ha considerado un buen producto para invertir, eres un buen terreno. Él ha invertido su gracia y su poder. Su vida está en ti, por lo tanto eres la extensión de su eternidad.

*"Para que el Dios de nuestro Señor Jesucristo, el Padre de gloria os dé espíritu de sabiduría y de revelación en el conocimiento de él, alumbrando los ojos de vuestro entendimiento, para que sepáis cuál es la esperanza a que él os ha llamado y cuáles las riquezas de la gloria de su herencia en los santos, y cuál la supereminente grandeza de su poder para con nosotros los que creemos, según la operación del poder de su fuerza".*

*Efesios 1:17-19*

No dudes, este es el mejor tiempo para que la inversión de Dios en ti produzca en grande. Llegó el tiempo de avanzar hacia tu destino de éxito. Todo lo que te propongas alcanzar, lo alcanzarás, por tal razón, aún estás de pie.

Este libro es para los que sueñan en grande, para los que persisten y no se rinden. Este libro es para los que tienen la habilidad de escuchar la lluvia que se aproxima, aún cuando los que te rodean no escuchen su sonido.

*"Entonces Elías dijo a Acab: Sube, come y bebe; porque una lluvia grande se oye".*
*1 Reyes 18:41*

## REFLEXIONA CONMIGO:

- ¿Qué quieres alcanzar?
- ¿Qué estás haciendo para lograrlo?
- ¿Quién dijo que no puedes?

Debes entender que el vehículo que te llevará a tu destino de gloria, es precisamente todo lo que el enemigo ha utilizado para detenerte. Convierte cada ataque en un escalón que te posicione bien alto, en la cima de los vencedores. Convierte cada uno de esos dardos en inyecciones de fe y ríete, sí, ríete bien fuerte, súbele el volumen a tu risa y así opacarás las voces de los que dicen que no podrás lograrlo.

¡Tus sueños son buenos! ¡Tus sueños son importantes! Entonces, ¡regocíjate, y canta! ¡Llegó tu tiempo! Te lo aseguro, ¡Podemos Lograrlo!.

# RENÉ GONZÁLEZ
# PODEMOS
# LOGRARLO

"Manténgase enfocado en medio de sus procesos"

Se puede, No te Rinda

No Importa, Podemos

llegó tu Tiempo, Poder

Dios Habló ... El

Sueños, Transición, Lo

Podemos Lograrlo, Una Dos

llegó tu tiempo, Contest...

# Capítulo 1

# DIOS HABLÓ DE TI

*"Entonces dijo Dios: Hagamos al hombre a nuestra imagen, conforme a nuestra semejanza; y señoree en los peces del mar, en las aves de los cielos, en las bestias, en toda la tierra, y en todo animal que se arrastra sobre la tierra".*
Génesis 1:26

Si hay algo que debes tener bien claro es tu verdadero origen, que no tiene nada que ver con tu país, tu pueblo o tu familia. Tu país, tu pueblo y el núcleo familiar en el cual has crecido solo han sido el hábitat para tu desarrollo. Dios preparó el escenario donde "Adán" se desarrollaría. Todo

lo colocó en su lugar, ordenó cada cosa en su lugar, todo lo que esa materia prima llamado hombre necesitaba para vivir.

Dios creó todo lo existente de lo que no se veía:

*"Por la fe, entendemos haber sido constituido el universo por la palabra de Dios, de modo que lo que se ve fue hecho de lo que no se veía".*
*Hebreos 11:3*

Cuando Dios habló de Adán, hablaba también de ti. Adán significa, humanidad, hombre, género humano. Entonces, Dios habló de ti.

Qué maravilloso es saber que al crear al hombre no dijo "sea la luz" o "sea tal cosa"; más bien dijo "hagamos". Dios quiso que todo ser viviente en el cielo fuese testigo de lo que estaba por acontecer. Él activó su poder a plenitud; en ese momento el Padre, el Hijo y el Espíritu Santo estaban presentes. El escenario en la tierra estaba incompleto. El sol, la luna y las estrellas no eran suficientes; las aguas, las aves del cielo, las bestias del campo y toda la naturaleza, no eran suficientes; faltaba algo que le diera sentido de existencia a lo creado. Y es que, para Dios, lo que no posee eternidad, no le satisface. A Él solo lo llena lo que posee su naturaleza eterna. Todo lo creó al declarar con su boca, "sea" porque hay poder en su palabra. Con nosotros fue distinto, dijo "hagamos". ¡Aleluya!

Todos los recursos estuvieron allí el día de la creación del hombre. De antemano, todo, absolutamente todo estuvo preparado. Le tomó seis días preparar el escenario, un lugar ideal para el desarrollo del hombre. ¡Cuán importantes somos para Él!

*"Cuando veo tus cielos, obra de tus dedos, La luna y las estrellas que tú formaste, Digo: ¿Qué es el hombre, para que tengas de él memoria, Y el hijo del hombre, para que lo visites? Le has hecho poco menor que los ángeles, Y lo coronaste de gloria y honra. Le hiciste señorear sobre las obras de tus manos; Todo lo pusiste bajo sus pies".*
*Salmos 8:3-6*

## Con el hombre fue diferente

El Dios Altísimo y Soberano no solo dio la palabra, Él usó sus benditas y sublimes manos. Él sopló su vida, su aliento y su naturaleza. Él acarició la tierra.

> **SOMOS LA CARICIA DE DIOS EN LA TIERRA, LA EXTENSIÓN DE SU NATURALEZA QUE ES ETERNA.**

Por tal razón, no debes pensar que solo eres polvo de la tierra, eres eternidad de Dios en la tierra. El hombre es el representante de Dios en la tierra, es por ello que el Espíritu Santo, la tercera Persona de la Trinidad, nuestro Ayudador, es nuestra conexión con nuestra verdadera naturaleza que es espiritual.

*"El Espíritu mismo da testimonio a nuestro espíritu, de que somos hijos de Dios. Y si hijos, también herederos; herederos de Dios y coherederos con Cristo, si es que padecemos juntamente con él, para que juntamente con él seamos glorificados". Romanos 8:16-17*

Estamos coronados de gloria y honor, y el mismo Espíritu lo revela a nuestro espíritu. ¡Qué glorioso! El pensar menos de lo que esta poderosa verdad habla, sería restarle importancia a la intención de Dios para con nosotros. Dios nunca ha pensado menos sobre nosotros, así lo declara la escritura, que sus pensamientos respecto a nosotros son buenos y no malos; y todo, para que alcancemos lo que soñamos.

El rango que ocupemos en comparación con los ángeles y con Dios, no es lo importante, esto último lo digo porque al estudiar el texto en el original, dice que, nos hizo poco menor a *"Malahim"*, entiéndase, poco menor a los ángeles.

El original no dice poco menor a *"Elohim"* como muchos han interpretado. Jamás tomemos esto para atribuirnos gloria alguna. Por eso lo más importante para nosotros, no debe ser si somos menores o mayores que los ángeles, mucho menos igual a Dios (una cosa es mi pretensión y otra cosa es su opinión), si no que lo verdaderamente importante debe ser qué es lo que piensa Dios sobre nosotros, qué opina Él de ti y de mí.

Si sus pensamientos sobre mí son buenos, tengo la garantía de que todo lo que Él piensa, se convierte en realidad. ¡Aleluya! Lo que Dios habló de ti es más grande y excelente de lo que has vivido y mucho más grande que lo que estás atravesando. Debes comenzar a pensar con la actitud adecuada, cónsono con sus pensamientos.

*"Porque mis pensamientos no son vuestros pensamientos, ni vuestros caminos, mis caminos, dijo Jehová. Como son más altos los cielos que la tierra, así son mis caminos más altos que vuestros caminos, y mis pensamientos más que vuestros pensamientos".*
*Isaías 55:8-9*

*"Reconoced que Jehová es Dios; Él nos hizo, y no nosotros a nosotros mismos; Pueblo suyo somos y ovejas de su prado".*
*Salmos 100:3*

## Él nos hizo

¿Cuál fue el propósito de habernos creado? Fuimos creados para alabanza de su gloria, como el Apóstol Pablo lo expresa en la carta a los Efesios. Si hay algo que trae gloria a Dios, es que volvamos al principio, que recuperemos el terreno perdido, que volvamos al plan original.

## En busca de nuestro origen

¿Cuál es ese origen? Dominio, señorío, gobierno, conquista, triunfo, plenitud, gozo y paz. En eso consiste la expresión a "imagen y semejanza". Esto no tiene nada que ver con lo físico; tiene que ver con la actitud, con el espíritu de la naturaleza del carácter de Dios en nosotros. Adán escuchó a través de la voz de Eva el mensaje destructivo de la serpiente. Escuchó la voz del engaño, esa que te dice que no se puede, que no eres nadie, que no estás a la altura del Dios que te creó y... le creyó.

Desde el momento en que prestes atención a lo que el enemigo habla a través de diversas voces, te verás desnudo, incapaz y la inseguridad vendrá a ti como hombre armado. Por consecuencia huirás a esconderte, así como Adán cuando se vio desnudo y se escondió. Lo próximo que ocurre, es que acusarás a los demás para excusar tu falta de determinación y tu debilidad. Debes saber que tu destino no lo determina lo que dicen los demás, tu destino está amarrado a tu verdadero origen y tu historia comenzó en la mente de Dios.

*"Porque somos hechura suya, creados en Cristo Jesús para buenas obras, las cuales Dios preparó de antemano para que anduviésemos en ellas. Reconciliación por medio de la cruz".*
*Efesios 2:10*

La palabra "hechura" en el griego es "poima" que traducido es poema. *¡Tú eres el poema de Dios!* Entonces el Poeta Mayor escogió la mejor expresión para que rimaran sus versos...¡Te escogió a ti! ¡Alégrate, Dios habló de ti!

¿Recuerdas a Job? Él ni sabía lo que ocurrió cuando el enemigo fue al cielo y Dios le habló de él. Dios habló de Job con altura, exaltando su persona, habló de su rectitud, de su justicia y fidelidad; porque a Dios le place hablar bien de sus hijos.

*"Y Jehová dijo a Satanás: ¿No has considerado a mi siervo Job, que no hay otro como él en la tierra, varón perfecto y recto, temeroso de Dios y apartado del mal?". Job 1:8*

David era un niño de solo quince años, que cuidaba unas "pocas" ovejas de su padre, andaba siempre acompañado de una honda para defenderlas de los ataques de aquellos animales que ponían en riesgo sus vidas. También poseía un arpa vieja para entonar cánticos a su Dios. David no estuvo presente en aquella conversación entre Dios y el profeta Samuel. Pero Dios habló al profeta sobre un nuevo rey y ese rey se llamaba David.

*"Dijo Jehová a Samuel: ¿Hasta cuándo llorarás a Saúl, habiéndolo yo desechado para que no reine sobre Israel? Llena tu cuerno de aceite, y ven, te enviaré a Isaí de Belén, porque de sus hijos me he provisto de rey". 1 Samuel 16:1*

La viuda de Sarepta no estuvo presente cuando Dios habló con el profeta Elías. Esta mujer, en la noche no podía dormir, ahogada entre pensamientos de desesperación y derrota a causa de la escasez que atravesaba su tierra. No solo era viuda, sino que era responsable del sustento de su único hijo. Insegura del mañana, puedo deducir que de seguro pensaba que sus días estaban contados. Su enfoque estaba en la miseria que la rodeaba, pero...¡Dios habló de ella!

*"Vino luego a él palabra de Jehová, diciendo: Levántate, vete a Sarepta de Sidón, y mora allí; he aquí yo he dado orden allí a una mujer viuda que te sustente".* 1 Reyes 17:8-9

¿Quién diría que la que se iba a echar a morir, la que no tenía prácticamente nada, fue la que suplió la necesidad del profeta? Es que cuando Dios habla de ti, se produce vida donde hay muerte, se derrama provisión permanente donde hay sequía; se manifiesta el éxito donde hay derrota; y todo para que confíes y no presentes más excusas. ¡Dios habló de ti a través de Cristo!

*"Y yo también te digo, que tú eres*
*Pedro, y sobre esta roca edificaré*
*mi iglesia; y las puertas del Hades*
*no prevalecerán contra ella".*
Mateo 16:18

Cristo es la cabeza de la iglesia, entonces está claro que la iglesia es el cuerpo y tú y yo somos la iglesia. Nota que es la primera vez que se menciona el término iglesia en las escrituras. Nada más y nada menos que Cristo es el que la menciona. Cristo dijo: "mi iglesia". ¡Cristo habló de ti!

Cristo dijo que ni aún las puertas del infierno prevalecerán contra ti. El infierno ni sus demonios tendrán dominio sobre ti.

En la antigüedad, las puertas eran las entradas principales de las ciudades. Allí se reunía la gente para negociar, comúnmente se podía ver a principales y autoridades tomando decisiones importantes frente a aquellas puertas. Cristo está declarando que en las puertas del Hades, nadie negociará contra ti, nadie podrá venderte ni comprarte. Todo lo que se planifique allí en tu contra no prosperará. Nada ni nadie prevalecerá, todo lo que se haya levantado, caerá; todo porque Cristo habló de ti. ¡Amén!

¡Levántate, ponte sobre tus pies, sacúdete el polvo y vístete de su poder! Abre las ventanas de tu habitación y respira el aroma del triunfo. Deja que el sol haga brillar tu rostro, renueva tus fuerzas y vuelve a reír.

> *"La vida te será más clara que el mediodía; Aunque oscureciere, será como la mañana".* Job 11:17

Dios me habló de ti y me dijo que lo próximo es mejor. Dios me habló de ti y me dijo que no ha terminado contigo. Dios me habló de ti y me dijo que Él es quien levanta tu cabeza. De la misma forma en que pasarás la página de este capítulo, pasa la página de tu vida y juntos comencemos uno nuevo…

# Capítulo 2

# ÉL LO DICE, YO LO CREO

*"Cualquiera, pues, que me oye estas palabras, y las hace, le compararé a un hombre prudente, que edificó su casa sobre la roca. Descendió lluvia, y vinieron ríos, y soplaron vientos, y golpearon contra aquella casa; y no cayó, porque estaba fundada sobre la roca".*
Mateo 7:24-25

No hay nada más beneficioso que contar con alguien que con sus sabios consejos te ayude a conducirte en la vida, alguien que pueda decirte lo que está bien y lo que está mal. ¡Alguien que nos hable la verdad que no queremos escuchar! En mi caso, mi madre, siempre que tenía la oportunidad, me decía: "Nene, el que no escucha consejos no llega a viejo."

Escuché esta frase en un sinnúmero de ocasiones, cada vez que ella intentaba enseñarme algo o quería que yo corrigiera alguna acción o actitud mal dispuesta. También la escuché alguna vez, en labios de alguna otra persona al aconsejar a otros. ¡Hoy día, doy gracias a Dios por las muchas veces en las que escuché esas palabras repetidas a través de mi madre!

Te confieso que si hay algo que me ha ayudado en la vida es el haber desarrollado interés por escuchar. Porque muchos oyen y pocos escuchan; por mi parte fue gracias a la insistencia de mami que aprendí a hacerlo.

## Oir y escuchar son dos cosas distintas

Oír es percibir sonidos. Escuchar es prestar atención a lo que se oye.

Es ahí donde estriba el asunto. Hemos oído la palabra poderosa, pero le hemos prestado poca atención. Tenemos que desarrollar nuestros oídos para escuchar el mensaje que hay encerrado en esa palabra. Muchos escuchamos la palabra, más no el mensaje que ésta trae.

La evidencia de que has escuchado la palabra es lo que te encuentras haciendo, no existe aplicación de la misma. Hay un gran número de personas que al día de hoy no han podido lograr sus metas y por eso se encuentran escondidos entre montones de sueños inconclusos. Cada uno de ellos escuchó a la persona equivocada y por ende absorbieron el mensaje equivocado.

> **DEBES ENTENDER QUE HAY PERSONAS QUE HABLAN MUCHO, PERO MUY POCOS TIENEN ALGO QUE DECIR, ¡PORQUE HABLAR Y DECIR NO ES LO MISMO!**

Quiero hacerte una pregunta:

*¿A quién estás escuchando?*

Hablar es emitir un sonido con palabras. Decir es transmitir un mensaje con palabras.

Para Jesús era sumamente importante que aquel pueblo entendiera. No se trataba de oírlo hablar solamente, sino de escuchar y practicar su mensaje poniendo en obra lo que Él les hablaba. La información sin ejecución es vano conocimiento. Jesús estaba afectando para bien el destino de ellos y como dije en el capítulo anterior, tu destino o futuro será influenciado por tu presente, por lo que escuches y por lo que decidas hacer con lo escuchado.

A este pueblo nadie, jamás, le había dicho lo que Jesús dijo:

> *"Vosotros sois la sal de la tierra;*
> *pero si la sal se desvaneciere,*
> *¿con qué será salada? No sirve*
> *más para nada, sino para ser echada*
> *fuera y hollada por los hombres.*
> *Vosotros sois la luz del mundo;*
> *una ciudad asentada sobre un monte*
> *no se puede esconder".*
> *Mateo 5:13-14*

Sí, es verdad, el pueblo estaba sumido en delitos y pecados. Tal vez para algunos sería más efectivo señalar los errores y el pecado, de manera que pudieran erradicarlos rápidamente de sus vidas. Pero Jesús consideró más efectivo sanar su autoestima, porque si no se trabajaba con la identidad del hombre y su propósito en la tierra, el hombre seguiría dando tumbos en la vida.

Jesús pudo decirles, adúlteros, fornicarios, hechiceros, ladrones y abusadores, pues esto era lo que hacían todo el tiempo. Él podía decirles que no fueran adúlteros y a su vez dejarlos con una pregunta en su interior: si no puedo ser adúltero, entonces, ¿qué puedo hacer si no sé quién soy? No sé cuál es mi lugar. Por tal razón, Jesús, antes de reprenderlos, les habló de su identidad: "Vosotros sois la sal y la luz del mundo".

¡Por fin alguien les dice lo que realmente son! Porque antes de la caída, el hombre ocupaba otra posición. Así que antes de escuchar todo lo que el enemigo te dice que eres, antes de lo que te han hecho creer, escucha la declaración de Jesús para ti: "Tú eres sal y luz".

*"Mas vosotros sois linaje escogido, real sacerdocio, nación santa, pueblo adquirido por Dios, para que anunciéis las virtudes de aquel que os llamó de las tinieblas a su luz admirable".*
1 Pedro 2:9

Siempre que se suelta una palabra de Dios para amonestarnos, nunca traerá en ella insultos ni maldición. La palabra trae juicio, orden, corrección y bendición. Jesús heredó una posición de altura para nosotros, ya no somos extranjeros ni advenedizos, sino la familia de Dios en la tierra. Él ama a su familia a tal grado que la palabra dice: "porque el que os toca, toca a la niña de su ojo". Zacarías 2:8.

Jesús dijo:

*"Y cualquiera que haga tropezar a alguno de estos pequeños que creen en mí, mejor le fuera que se le colgase al cuello una piedra de molino de asno, y que se le hundiese en lo profundo del mar".* Mateo 18:6

¿Y aún dudas de cuán importante eres para Dios? ¿Seguirás escuchando a la gente a la cual su visión no le pasa de la punta de la nariz?

## Eres oro

Además de sal y luz, somos oro, porque tenemos un valor incalculable y brillamos por el fulgor y el resplandor del sol de justicia.

> *"Haré más precioso que el oro fino al varón, y más que el oro de Ofir al hombre". Isaías 13:12*

Todo lo que han dicho, todo lo que han hecho, ¡todo, todo, todo! es representativo del fuego de la prueba. A menudo que se habla de fuego en la Biblia éste representa prueba y curiosamente lo que hace brillar con intensidad al oro es la prueba de fuego. A mayor intensidad, mayor brillo. ¡Entonces, brilla, brilla, brilla incansablemente! Cuando más la gente te verá es cuando estés en medio de la prueba, no por tu sufrimiento, no por tu queja, no por tu desgracia, sino por tu incesante brillo. ¡Aleluya!

Todos tendrán que mirarte y cuando piensen que estás desecho, en ruinas, totalmente acabado, se sorprenderán por tu resplandor. Brillarás por tus decisiones, brillarás con tus palabras, brillarás por la manera en que te enfrentes a las diversas situaciones y circunstancias, por lo tanto en todo lo que determines hacer, resplandecerás.

Tú decides si seguirás escuchando a los escribas y fariseos que solo colocan el agobiante peso de la ley sobre tus hombros, aquellos que ponen cargas sobre ti que no puedes llevar, o si harás caso al reclamo de Jesús cuando dijo:

*"Cualquiera, pues, que me oye estas palabras, y las hace, le compararé a un hombre prudente, que edificó su casa sobre la roca".* Mateo 7:24

Provoca que cuando Jesús hable de ti, te compare con ese hombre y esa mujer prudente que fundaron su casa sobre la roca. Ni los vientos, ni el azote de las olas impetuosas destruirán tu vida porque tu cimiento es la palabra. Concéntrate en lo que Dios dice sobre ti. ¿Quién en este mundo superará a Dios hablando sobre ti?

Él nos dice que somos:

- Su pueblo
- Sus hijos
- Herederos
- Sacerdocio santo
- Linaje escogido
- Rebaño
- Ovejas de Su prado
- Sal y luz
- Ciudad de Dios
- Torre fuerte
- Puertas eternas
- La novia
- La esposa
- Columna y baluarte
- La niña de sus ojos
- Robles de justicia
- Sus amigos
- Su iglesia

En Él somos, en Él seremos y esa es la verdad. Nosotros somos la manifestación de los pensamientos de Dios en la tierra.

En Él somos:

- Reparadores de portillos
- Cisternas de agua
- Piedras vivas
- Edificadores

- Llamas encendidas
- Ministros de fuego
- Su ejército
- Templo
- La habitación de Su espíritu
- La cimiente de Abraham
- La Jerusalén celestial
- La extensión de Su eternidad

Tú escoges, si escuchas a los que murmuran mentira o escuchas al que habla, al que dice la verdad.

*"Dios no es hombre, para que mienta,
Ni hijo de hombre para que se
arrepienta. Él dijo, ¿y no hará?
Habló, ¿y no lo ejecutará?".*

*Números 23:19*

Escucha bien todo lo que Él dijo de ti y lo verás realizarse. Cada una de sus promesas, cada palabra que salió de su boca tiene vida y todo lo que tiene vida, tiene el potencial de manifestarse.

Si lo que dijo de ti es bueno y grande, ¡prepárate! Porque lo bueno y lo grande de Dios salieron a tu encuentro.

En estos momentos me parece escuchar la voz de mi madre otra vez diciendo… "Escucha el consejo, escúchalo bien, porque el que no escucha consejo, no llegará a viejo".

Y, si Él lo dice… ¡¡Yo lo creo!! Y tú, ¿lo crees?

Se puede, No te Rinda.

No Importa, Podemos

llegó tu Tiempo, Poder

Dios Habló de ti, Él

Sueños, Transición, Lo

Podemos Lograrlo, Uno Dos

llegó tu tiempo Confía

# Capítulo 3

# UNO, DOS Y TRES

Cada vez que tengo la oportunidad de escuchar estos tres números en secuencia: 1, 2 y 3, reacciono con gran expectativa porque sé que algo está por acontecer. Tal vez en alguna competencia o en algún otro tipo de espectáculo. Sea lo que sea, al escuchar este conteo sé que algo interesante está por ocurrir.

El número "1" indica lo primero, el número "2" una nueva oportunidad y el número "3", en ocasiones significa una última oportunidad (dicen por ahí que a la tercera, la vencida). Aunque el título de este capítulo es *Uno, dos y tres,* quisiera abundar en el número "3".

El número "3" tiene una gran relatividad con lo que somos y lo que nos rodea. No es que crea en la numerología astrológica ni mucho menos, pero sí creo en la numerología bíblica; y el número "3" es inmensamente significativo tanto en las Sagradas Escrituras como lo es para nuestra vida. A continuación te presentaré la relación del número "3" con nosotros, el mundo en el cual vivimos y las Sagradas Escrituras.

**El número "3" y el hombre**

1. El hombre es un tricótomo
   - Espíritu
   - Alma
   - Cuerpo
2. La composición familiar
   - Madre
   - Padre
   - Hijos
3. El desarrollo del hombre
   - Infancia
   - Adolescencia
   - Adultez
4. La composición individual
   - El
   - Ella
   - Ellos

## El número "3" y el mundo (Cosmo)

1. Nuestro planeta
   - Cielo
   - Mar
   - Tierra
2. Elementos cósmicos
   - Sol
   - Luna
   - Estrellas
3. El tiempo o desarrollo de un día
   - Mañana
   - Tarde
   - Noche
4. Elementos ambientales
   - Agua
   - Viento
   - Fuego

## El número "3" en las Sagradas Escrituras

1. En Génesis, representa semilla o provisión

   - El día #3 creó Dios toda planta que da fruto y cuya semilla está en el fruto
   - Árbol que da fruto
   - Árbol del bien y el mal
   - Árbol de la vida

2. Abraham e Isaac

   • El día #3 llegó al Monte Moriah y recibió la provisión para el sacrificio

3. Cordón de "3" dobleces no fácilmente se rompe

4. Pedro dijo: "Señor quedémonos aquí y hagamos 3 enramadas"

5. La Transfiguración del monte

   • Fueron "3": Moisés, Elías y Jesús

6. Jesús y los discípulos

   • Aunque eran "12", siempre escogía "3": Jacobo, Pedro y Juan

7. La Biblia habla de "3" barcas

8. En el Gólgota, se levantaron "3" cruces

9. Jonás estuvo "3" días en el vientre del gran pez

10. Jesús resucitó en el día #3 (al tercer día)

11. La Santa Trinidad:

    • Padre

    • Hijo

    • Espíritu Santo

Podríamos seguir abundando sobre las veces que el número "3" aparece en la Biblia o las implicaciones que éste tiene en relación a nosotros.

Quiero que pienses en la existencia del hombre. Los humanos nos movemos en "3" tiempos y estos son: pasado, presente y futuro. Cada uno de ellos es significativamente importante en nuestro desarrollo.

- El pasado:
  Tiene que ver con lo que hicimos.

- El presente:
  Tiene que ver con lo que estás haciendo.

- El futuro:
  Tiene que ver con lo que harás.

Hoy estás viviendo tu presente, el que un día fue tu pasado, pero se convertirá en tu futuro.

Aunque no debemos permitir que nuestro pasado se convierta en el tirano de nuestro presente, precisamente fueron esas decisiones que tomamos en el pasado las que nos posicionaron en donde estamos hoy.

## TU FUTURO PUEDE SER GLORIOSO SI TOMAS EN SERIO LOS DÍAS EN QUE VIVES Y SOBRE TODO, SI TE DEJAS GUIAR.

Entonces, las decisiones que tomemos hoy, en nuestro presente, afectarán nuestro futuro; esto es lo que llamamos el ciclo de la vida. Si las decisiones que tomaste en el pasado no han hecho de tu vida la mejor, tu presente puede cambiar de acuerdo a lo que decidas hacer hoy.

Tu futuro puede ser glorioso si tomas en serio los días en que vives y sobre todo, si te dejas guiar.

*"Las riquezas y la gloria proceden de ti, y tú dominas sobre todo; en tu mano está la fuerza y el poder, y en tu mano el hacer grande y el dar poder a todos". 1 Crónicas 29:12*

Si tus decisiones pasadas hubiesen estado basadas en esta grande y poderosa verdad,

¿cómo sería tu presente? ¿Estarías dónde estás hoy? ¿Caminarías con la gente que te rodea? ¿Vivirías dónde estás viviendo hoy?

Te confieso que, cuando leo este verso, vuelvo a escuchar en mis adentros el conteo que me anuncia que algo bueno está por ocurrir. Siento que algo me dice que aún estoy a tiempo. Que lo vuelva a intentar; pero, esta vez, tomando en consideración que en Sus manos está la fuerza y el poder para hacer grande al hombre y darle el poder necesario para tener éxito.

Tú eres una semilla de Dios en la tierra, en ti está la vida de Dios. Tienes el potencial de convertirte en un árbol frondoso, fuerte y con la capacidad de dar buen fruto. Eres semilla, árbol y fruto, no dejes de creer en el potencial que hay en ti. Tienes la capacidad de morir, renacer, crecer, producir y reproducirte. ¡Aleluya!

Dentro de ti está todo lo que necesitas para triunfar. Recuerda que el mismo Espíritu que resucitó a Cristo de los muertos, está dentro de ti.

*"Y si el Espíritu de aquel que levantó de los muertos a Jesús mora en vosotros, el que levantó de los muertos a Cristo Jesús vivificará también vuestros cuerpos mortales por su Espíritu que mora en vosotros".* Romanos 8:11

Si te concentras en lo que eres y en lo que puedes producir, comenzarás a soñar en grande y aún más, soñarás los sueños de Dios. Aún estás a tiempo para que lo grande y glorioso de Dios sea manifiesto en ti. Si tu primer tiempo no fue el mejor, si tu segundo tiempo no le dio vida a tus sueños, te tengo buenas noticias, ¡prepárate!

*"La gloria postrera de esta casa será mayor que la primera, ha dicho Jehová de los ejércitos; y daré paz en este lugar, dice Jehová de los ejércitos. La infidelidad del pueblo es reprendida".* Hageo 2:9

Tu tercer tiempo trae consigo la naturaleza de Dios. Haz que Él sea el Señor de tu tercer tiempo. Entrégale las llaves de tu alma, entrégale la confianza que malgastaste depositándola en otros que no la valoraron.

*"Sino acuérdate de Jehová tu Dios,
porque él te da el poder para hacer las
riquezas, a fin de confirmar su pacto que
juró a tus padres, como en este día".
Deuteronomio 8:18*

El profeta Isaías declara en el capítulo 61 y le habla al pueblo de Israel que se encontraba cautivo en Babilonia, diciendo:

*"El Espíritu de Jehová el Señor está sobre
mí, porque me ungió Jehová;
me ha enviado a predicar buenas
nuevas a los abatidos, a vendar a los
quebrantados de corazón, a publicar
libertad a los cautivos, y a los presos
apertura de la cárcel". Isaías 61:1*

¡Qué buena noticia para alguien que está atravesando el atropello y el abuso de un sistema lleno de maltrato, que no les permitía ni siquiera ser quienes realmente habían sido llamados a ser!

El pueblo hebreo fue escogido por Dios, por lo tanto tenía todo el favor y la bendición del Todopoderoso; pero se desconectaban de esa gracia al prestar atención a las ofertas de otros pueblos. A consecuencia de esto y como era de esperarse, atrasaban su desarrollo. Esas decisiones le costaron su libertad, siendo cautivos en otras tierras. Este pueblo sufrió muchos períodos de dolor, hambre, abuso y humillación. Pero había una promesa de liberación. Luego de muchos años, aparece en escena el segundo Adán, Cristo... ¡Aleluya!

En el capítulo 4 del Evangelio según Lucas, Jesús entra en la sinagoga y frente al ministro de turno abre el libro y por segunda vez se escucha esta poderosa noticia:

*"El Espíritu del Señor está sobre mí, Por cuanto me ha ungido para dar buenas nuevas a los pobres; Me ha enviado a sanar a los quebrantados de corazón; A pregonar libertad a los cautivos, Y vista a los ciegos; A poner en libertad a los oprimidos". Lucas 4:18*

La primera vez, esta palabra profética fue dada a través de los labios del profeta Isaías en el capítulo 61 del libro que lleva su nombre y en esta segunda ocasión es Jesús quien la declara.

Hoy tomo autoridad como hombre de Dios, y profetizo sobre ti, querido lector, declarando que esta palabra se escuchará por tercera ocasión. Tú te pararás frente al mismo infierno, frente a tus enemigos, frente a aquellos que no creyeron en ti y con autoridad de Dios te convertirás en esa persona que por tercera ocasión dirá:

## EL ESPÍRITU DEL SEÑOR ESTÁ SOBRE MÍ Y ME HA UNGIDO.

Prepárate para concebir los sueños de Dios. Vivirás tu mejor temporada, recibirás la fuerza necesaria para concebir, darás a luz y realizarás los sueños de Dios para ti. Prepara tu vientre espiritual porque algo grande se está gestando en tu ser interior, algo que lleva el ADN de Dios; algo que el mundo anhela a gritos.

*"Porque el anhelo ardiente de la creación es el aguardar la manifestación de los hijos de Dios". Romanos 8:19*

Tú provocarás que el pueblo de Dios viva su tercer tiempo, donde se verá la manifestación de su gloria. Tiempo donde escucharán la canción de la tórtola, tiempo de cosechar lo que se sembró con lágrimas, tiempo de ver lo que no se ha visto.

*"Antes bien, como está escrito:*
*Cosas que ojo no vio, ni oído oyó,*
*Ni han subido en corazón de hombre,*
*Son las que Dios ha preparado para*
*los que le aman". 1 Corintios 2:9*

Prepárate, porque los ángeles de Dios han salido con sus manos llenas de sueños, buscando los fieles de la tierra que están dispuestos a seguir soñando. Hay un ángel frente a tu puerta, ábrele, porque ya ha tocado "2" veces y ¡a la tercera es la vencida!

# Capítulo 4

# LAS TRES ETAPAS
# DE LOS SUEÑOS

Alguien dijo: *"Soñar no cuesta nada"* y es cierto
...*¡no te cobran por soñar!*

Puedes soñar con lo que quieras y cuando
quieras. Los sueños son uno de los lenguajes
de Dios. Él habla por medio de los sueños
y se revela a nosotros a través de visiones
mostrándonos el futuro por medio de ellos.

**Existen varios tipos de sueños**

- Sueños que responden a lo que queremos
alcanzar. Este tipo de sueño lo conocemos
como "metas".

- Está el tipo de sueño que los profesionales
de la conducta humana identifican con

el "subconsciente". Estos son fragmentos de experiencias vividas, las cuales forman imágenes en nuestra mente. Muchas veces se clasifican por sueños placenteros o pesadillas.

- El "sueño profético" es aquel en el cual el Todopoderoso nos transmite sus planes y propósitos. En ellos está revelado quiénes realmente somos. Recuerda que somos la extensión de la eternidad de Dios en la tierra.

En el Antiguo Testamento encontramos registrada la vida de José. El nombre de José significa "soñador". En los próximos capítulos abundaremos más en estos significados, pero quiero resaltar que José no sólo tuvo la bendición de concebir sueños, sino que también los interpretaba.

Somos más que bendecidos cuando podemos soñar y a la vez, poseer el don de interpretar los mismos. Cuando un sueño es interpretado, nos llenamos de confianza, nace en nosotros la seguridad de que sabemos manejarlos con claridad y así provocar el cumplimiento de ellos.

## Las etapas de los sueños

La primera etapa de los sueños es concebirlos y aunque concebir un sueño es grandioso, no será suficiente. Concebir un sueño no nos hace grandes, todo lo contrario, nos hace responsables del mismo. Cualquiera puede concebir un sueño porque Él es el dador de los sueños y Él es quien los deposita donde Él quiere.

En mi experiencia como Pastor, he recibido un sinnúmero de personas con la intención de compartir la grata experiencia de haber concebido un sueño. Muchas de estas personas vienen a mí con un espíritu de humildad, sintiéndose no merecer el que Dios les haya escogido para depositar en ellos sus sueños.

**CUANDO DIOS TE REVELA ALGO DE SÍ, NO ES PARA QUE TE SIENTAS GRANDE, USUALMENTE ES PARA QUE POR MEDIO DE ESA REVELACIÓN SE LLEVE A CABO UN PROPÓSITO, Y ES EL SUYO.**

Otros se acercan a contarme sus grandiosas experiencias, que de hecho, no reflejan humildad; al contrario, se acercan con una actitud arrogante, como si ellos fuesen los únicos a quienes Dios les hablara a través de sueños.

Cuando Dios te revela algo de sí no es para que te sientas grande, usualmente es para que por medio de esa revelación se lleve a cabo un propósito, y es el suyo.

¡Qué tristeza! Este hecho me hace llegar a la conclusión, que de la única manera que Dios se comunica con muchos de ellos, es cuando están dormidos; porque cuando están despiertos su estilo de vida no les permite tener comunión con Dios. A ellos no los hace grandes concebir sueños, porque Dios tiene que dormirlos para sacar lo mejor de ellos.

*"Entonces Jehová Dios hizo caer sueño profundo sobre Adán, y mientras éste dormía, tomó una de sus costillas, y cerró la carne en su lugar. Y de la costilla que Jehová Dios tomó del hombre, hizo una mujer, y la trajo al hombre".*
*Génesis 2:21-22*

La segunda etapa de los sueños es el darlos a luz o parirlos. Lo acabamos de ver, Dios hizo que Adán cayera en un profundo sueño y Él mismo sacó de su costilla a la mujer.

En la actualidad, cuando una mujer está embarazada y entra en los meses del alumbramiento, si la mujer por alguna complicación no tiene la facultad para dar a luz esa criatura entonces le inducirán el parto. En otras situaciones y conforme al cuadro que presente el embarazo, se toma la decisión de hacer una cesárea. O sea que de cualquier manera esa criatura nacerá.

No te hace grande el dar a luz un sueño, porque el que lo gestó dentro de ti, es quien tiene la autoridad para sacarlo a la luz. No debemos mirar por encima de los hombros a nuestros hermanos, porque Dios nos haya escogido como terreno para sembrar en nosotros sus sueños. No podemos pensar que somos mayores en el Reino, solo por haber tenido la habilidad y capacidad dada por Él para traerlos a la realidad.

Recuerda lo que la palabra dice:

*"Al orgullo le sigue la destrucción;*
*a la altanería, el fracaso".*
*Proverbios 16:18 (NVI)*

La tercera etapa de los sueños, es sostenerlos. Lo que realmente habla bien de ti es la capacidad que tengas de sostener lo que has dado a luz. En el segundo libro de Reyes, en el capítulo 4, desde el verso 8 en adelante, encontrarás una historia que ilustra claramente estas tres etapas de los sueños y que a continuación te explico.

> MUCHOS QUEREMOS QUE OCURRAN COSAS EN NUESTRAS VIDAS, PERO NO HEMOS PREPARADO ESPACIO EN "NUESTRO ESPACIO".

## El profeta Eliseo y la sunamita

### Primera etapa

Esta mujer reconoce que cuando el profeta visitaba su pueblo, la bendición de Jehová se hacía sentir sobre su gente. Ella decide bendecir al profeta, creándole un espacio en "su espacio". Muchos queremos que ocurran cosas en nuestras vidas, pero no hemos preparado espacio en "nuestro espacio". Nos encerramos en nuestras situaciones y no nos damos la oportunidad de liberar nuestro "espacio ocupado", de lo que no produce vida.

Lo primero que debes hacer es identificar lo que está de más y luego liberar esas áreas de tu vida, que están ocupadas de aquello que no posee ni añade sabiduría. Por último, debes llenarlas con la presencia de Aquel que lo llena todo. Tiene que haber un espacio en tu "casa interior" para Dios, ¡identifícalo!

### Segunda etapa

Ella reconoció la autoridad del profeta y le reconoció como hombre de Dios. Preparó lugar con lo necesario para que el profeta reposara a gusto. Ella habilitó la habitación del profeta con lo necesario: cama, silla, mesa y candelabro.

| | |
|---|---|
| La cama: | representa reposo |
| La mesa: | representa provisión |
| La silla: | representa autoridad |
| El candelabro: | representa luz y dirección |

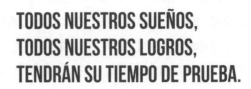

# TODOS NUESTROS SUEÑOS, TODOS NUESTROS LOGROS, TENDRÁN SU TIEMPO DE PRUEBA.

Un verdadero soñador, necesita reposar en Dios; un verdadero soñador sabe que el que invita paga y Él suple todas nuestras necesidades. Un verdadero soñador tiene que tener la autoridad necesaria para que nadie pueda atentar contra su sueño. Y un verdadero soñador, siempre tendrá el favor y la dirección del Dador de los Sueños.

## Tercera etapa

Ella concibió el sueño y el profeta profetizó su destino: "darás a luz un niño" y ella al siguiente año dio a luz su sueño. Ya habrás notado que su hijo murió; pero relata la Biblia, que ella subió al aposento y depositó su sueño sobre la cama del profeta.

Todos nuestros sueños y todos nuestros logros tendrán su tiempo de prueba. Siempre vendrán procesos que pondrán en manifiesto nuestro compromiso, nuestro carácter en lo personal y en lo espiritual. Ellos expondrán el calibre de tu carácter espiritual y a su vez pondrán en manifiesto en quien verdaderamente has puesto tu confianza.

*"Los que miraron a él fueron alumbrados,*
*Y sus rostros no fueron avergonzados.*
*Este pobre clamó, y le oyó Jehová, Y lo*
*libró de todas sus angustias. El ángel de*
*Jehová acampa alrededor de los que le*
*temen, Y los defiende. Gustad, y ved*
*que es bueno Jehová; Dichoso el hombre*
*que confía en él". Salmos 34:5-8*

Es mucha la gente que ha tenido la bendición de concebir grandiosos sueños, se prepararon, los procesaron y luego los vieron nacer; pero después de un tiempo... ¡Lo perdieron todo!

Existen muchos factores que ponen en peligro y en riesgo nuestros sueños:

## El ambiente

- Los lugares que frecuentas
- La gente con la cual te rodeas
  en tu tiempo de mayor perceptibilidad
- Los temas a los que te expones

## Los alimentos del alma

- Lo que escuchas

- Lo que lees

- Lo que ves

Hay lugares que no son apropiados para el desarrollo de tus sueños; ya sea por el tipo de gente que frecuenta esos lugares ó por la atmósfera que se desata llena de hostilidad, contiendas, envidia, chismes y mucho más…

También están las agendas escondidas de cada quien y sus motivaciones; que incluso muchas veces están totalmente distanciadas de tu destino. Es por ello que esta mujer dijo a su esposo:

*"He aquí ahora, yo entiendo que éste que siempre pasa por nuestra casa, es varón santo de Dios. Yo te ruego que hagamos un pequeño aposento de paredes, y pongamos allí cama, mesa, silla y candelero, para que cuando él viniere a nosotros, se quede en él".*
*2 Reyes 4:9-10*

Nota bien que el aposento era un espacio pequeño. Y todo en la vida comienza pequeño; solamente tienes que crear el espacio, el tiempo y el momento, por más insignificante que te parezca.

*"Mejor es lo poco con el temor de Jehová, Que el gran tesoro donde hay turbación". Proverbios 15:16*

¿A dónde llevas tus sueños en el momento crítico? ¿Las personas que te rodean, tienen las cualidades que le darán vida a tus sueños?

Cuando Jairo le pidió ayuda a Jesús, sus amigos le dijeron, "no molestes al Maestro, tu hija ha muerto". Jairo no los escuchó, no se dejó influenciar por aquellas voces que siempre escuchaba en su entorno. Esta vez, Jairo se enfocó en la voz de Jesús, el cual le dijo:

*"No temas; cree solamente, y será salva". Lucas 8:50*

Y es que nuestros temores se acrecientan al escuchar a la gente que no tiene el espíritu de vida en sus palabras. Hoy el Señor te dice:

*"No lloréis; no está muerta, sino que duerme". Lucas 8:52*

¿Lo crees? ¡Alégrate! Porque lo que has pensado como muerto, solo duerme. Todo lo que posee el Espíritu de Dios, tiene esta gran bendición.

*"Y si el Espíritu de aquel que levantó de los muertos a Jesús mora en vosotros, el que levantó de los muertos a Cristo Jesús vivificará también vuestros cuerpos mortales por su Espíritu que mora en vosotros". Romanos 8:11*

Regresando a la Sunamita, vemos que ella llevó al niño al aposento, el lugar pequeño donde lo grande de Dios se manifiesta. Ella acostó al niño en la cama del profeta.

Me gusta esta historia porque habla de nuestra relación con Dios, que es una relación de altura. Él siempre nos cita en lugares altos, porque nuestro origen es de altura. El verso dice que ella subió:

*"Ella entonces subió, y lo puso sobre la cama del varón de Dios, y cerrando la puerta, se salió". 2 Reyes 4:21*

Es en los lugares altos donde nacen los sueños, es allí donde se encuentran todos los recursos que le darán vida a tus sueños. Es tiempo de que subas tu nivel de expectativa; sube el nivel de confianza, sube tu nivel de dependencia de Dios. Aún el mismo profeta Eliseo tuvo que subir en dos ocasiones al aposento para darle vida al niño.

**¡Vamos, vuelve a subir!**

Despréndete de lo que te detiene y sube sin temor para que tus sueños respiren el oxígeno que sale de la boca de Dios. ¡Sube, sube, no dejes de subir!

*"Después de esto miré, y he aquí una puerta abierta en el cielo; y la primera voz que oí, como de trompeta, hablando conmigo, dijo: Sube acá, y yo te mostraré las cosas que sucederán después de éstas". Apocalipsis 4:1*

Si quieres ver lo que no has visto, escuchar lo que no has escuchado y recibir lo que no has recibido, ¡tendrás que subir! Si estás reconociendo que Dios te está ministrando... ¡Sube, sube, porque hay otro sueño que Dios te quiere confiar!

# Capítulo 5

# CONEXIONES CORRECTAS

*"El que anda con sabios, sabio será;*
*Mas el que se junta con necios será*
*quebrantado". Proverbios 13:20*

He tomado como referencia este proverbio porque, como dicen en mi pueblo, "más claro no canta un gallo". Este proverbio ilustra clara y enfáticamente los resultados de caminar o conectarte a la gente incorrecta o viceversa.

Recuerdo una ocasión en la que fui a una tienda de discos. Quería ver lo nuevo en el mercado musical y adquirir unos discos que me faltaban. Recorriendo los pasillos de aquel local y buscando con cuidado los volúmenes que me interesaban, me encontré en el pasillo donde se hallaba la música de reguetón.

Hoy día a este ritmo musical se le conoce como música urbana. Entre tantas propuestas leí el título de un disco del grupo *Calle 13* que me llamó la atención: *Los de Atrás Vienen Conmigo.* ¡Que quede claro! No estoy auspiciando al grupo *Calle 13* ni a otro grupo en particular, solo busco resaltar la declaración del título de esa producción musical.

Aunque desconozco la historia que motivó a estos chicos a tomar esa declaración como título de su disco; en esta ocasión la quiero resaltar porque una cosa es que los de atrás "vengan o anden contigo" y otra es, "yo vengo o ando con los de atrás".

Y es que en la vida, tú tienes dos opciones:

1. Seguir a la gente
2. Que la gente te siga a ti

O vas tras la corriente o contra la corriente. ¿Eres de los que sigue a cualquiera o eres de los que provoca que los demás te sigan? Recuerda que todo ser humano tiene la capacidad de influenciar a otros o ser influenciado por otros. Tú decides a quien vas a seguir o quien quieres que te siga.

Es curioso que todo equipo electrónico, sea cual sea; radio, televisor, computadora, secador de cabello, u otros, necesitan de la energía eléctrica para operar. Bien lo dice el término, *electrodoméstico*. Aunque todos necesitan de la energía eléctrica, no todos se podrán conectar a cualquier toma o salida de corriente. Cada uno de ellos tiene un límite de resistencia. En algunos casos, los conectores son distintos, aunque se alimentan de lo mismo (energía eléctrica). No podrás conectarlos en el mismo lugar, porque si en esa conexión la energía es muy fuerte, te aseguro que se quemará y por consecuencia la reparación del daño te costará mucho. En ocasiones, no podrás reparar los daños y se perderá la inversión… ¡Sí, porque para todo hay que invertir!

Por la naturaleza del ministerio que Dios me ha confiado, durante todo el año tengo el privilegio de viajar a distintos lugares del mundo. En Europa y en América del Sur, los niveles de voltaje eléctrico no son compatibles con los de

América del Norte; igual sucede con el Caribe, de donde provengo. Por tal razón, siempre que viajo a Sur América y a Europa, llevo conmigo un *convertidor de energía*; escuche bien, llevo un *convertidor* no un *adaptador*; porque un adaptador y un convertidor no son lo mismo.

Convertir es producir un cambio radical y adaptarse es acomodarse al *estatus quo*. En otras palabras, si esto es lo que trajo el barco, pues, ni modo...

Un adaptador por un lado, te facilita la conexión, pero no posee la capacidad de transformar la energía. O sea, un adaptador tiene dos caras, estoy contigo y estoy con el otro. No posee fuerza transformadora, solo se acomoda a las circunstancias sin tomar en consideración los riesgos y aún más los daños que pueda causar.

**ENTONCES, ES MI DEBER PREGUNTARTE, LOS QUE ESTÁN CONTIGO ¿SON ADAPTADORES O CONVERTIDORES?**

En cambio, un convertidor tiene la capacidad de transformar la energía, la puede canalizar, la interpreta para el buen funcionamiento del equipo. Muchas veces, eché a perder buenas secadoras de cabello, solo porque utilicé adaptadores y no convertidores.

Entonces, es mi deber preguntarte, los que están contigo, ¿son adaptadores o convertidores? ¿Transforman la atmósfera o solo se adaptan a ella? Acompáñame a observar algunos detalles de suma importancia en la siguiente historia.

Se aproxima el plan de redención para el hombre, ya todo está destinado. Dios, el Creador del Universo está dispuesto a enviar a la tierra como medio de redención, un pedazo de sí mismo, una parte de su naturaleza llamada Jesucristo, Emmanuel, Dios con Nosotros. Dios, que es Espíritu, necesita un cuerpo para habitar legalmente en la tierra; entonces, comienza la tarea de buscar la persona idónea para depositar ese pedazo de su naturaleza. La escogida, es una joven virgen, llamada María.

*"Al sexto mes el ángel Gabriel fue enviado por Dios a una ciudad de Galilea, llamada Nazaret, a una virgen desposada con un varón que se llamaba José, de la casa de David; y el nombre de la virgen era María".* Lucas 1:26-27

El pueblo hebreo tiene muchas costumbres, y entre tantas, una de ellas tiene que ver con los nombres. Este pueblo no le pone nombre a sus hijos simplemente por ponerles un nombre o solo por identificarlos. Los nombres en los tiempos bíblicos respondían a los sucesos y circunstancias que estaban atravesando al presente. Los hebreos, de esta forma recordaban lo vivido, fuese bueno o menos bueno. Muchas veces, esta acción marcaba ante la sociedad a toda persona, y aún más, el destino de muchos estaba amarrado a un suceso, del cual esa criatura que acababa de nacer no tenía conocimiento.

## María ó Mara

María y Mara son nombres muy comunes, no solo en la sociedad hebrea. Estos son nombres que han trascendido pueblos, territorios y culturas. El nombre de María, viene de Mara y en su raíz etimológica significa: amargura, tristeza, la descartada.

Estoy seguro que si muchas mujeres hubiesen tenido la facultad de comprender el significado de su nombre, y a su temprana edad tenido el derecho de escoger el suyo, no lo aceptarían. Pero tú tienes la potestad de cambiar el espíritu que carga tu nombre. Tu nombre no define quién eres y tampoco determina quién serás.

¿Cómo puedes cambiar ese espíritu impartido a través de los nombres?

La respuesta es simple. Conectándote a la gente correcta, porque la gente a tu alrededor proyecta directa o indirectamente la grandeza de tu nombre.

Alguien dijo: "Dime con quién andas y te diré quién eres".

Yo te digo: "Dime con quien andas y te diré a donde llegarás".

## José

Este nombre, en el Antiguo Testamento para los hebreos significaba "soñador". José no solo fue soñador, él tuvo el potencial para interpretar sueños. ¿Te das cuenta que tú también posees la gracia para cambiar o empoderar el significado de tu nombre? Tú eres más que tu nombre. En el Nuevo Testamento, según el griego, lenguaje que influenciaba esa época, el nombre de José significaba "incremento" o sea al que se le da más. Otro atributo de ese nombre era "aumento". Tomando en consideración estos nombres y sus significados notaremos lo siguiente:

María tomó una sabia decisión. Además de su devoción y comunión con Dios, se conectó. María viene de un linaje único, estaba conectada a David. María se conectó a José, un "soñador", un hombre que su nombre lo obliga a crecer, a aumentar. Ella aumentó sus posibilidades.

No solo José influenció el entorno de María; también lo hizo así Elizabeth su prima, cuyo nombre significa "Dios es juramento o la plenitud". Al nacer Elizabeth, su familia reconoció que Dios cumple a plenitud lo que promete.

El esposo de Elizabeth se llamó Zacarías, su nombre significa "Jehová se ha acordado". María estaba bien conectada.

**TE ASEGURO QUE EN MUCHOS DE NUESTROS ATRASOS, NO ES QUE DIOS SE HAYA OLVIDADO DE NOSOTROS; ES QUE ESTAMOS MÁS CONECTADOS A LA GENTE Y NO A DIOS.**

Tú podrás tener un llamado, podrás tener un futuro glorioso, podrás tener recursos, dinero, preparación académica, buena apariencia, pero…si no te conectas a la gente correcta, si no te conectas al propósito para el cual fuiste marcado, te sentirás incompleto. Nunca sabrás la importancia de tu don, ni el peso de tu llamado.

María fue elegida; el cielo se derramó sobre ella. Ella cargó el destino de la humanidad. Gracias a que esta joven virgen conectó su propósito con la gente correcta, tú y yo hemos sido redimidos del pecado.

Una joven bien conectada, cambió no solo el significado de su nombre, sino el destino de toda la humanidad. La descartada, fue la elegida. La amargura, no pudo cerrarle las puertas a la felicidad de cargar en su vientre al Redentor del mundo. Conéctate a gente verdadera. Conéctate al diseño que no tiene errores, conéctate a la fuente. Te aseguro que en muchos de nuestros atrasos, no es que Dios se haya olvidado de nosotros; es que estamos más conectados a la gente y no a Dios.

El rey David dijo en una ocasión:

*"Pondré mis ojos en los fieles de la tierra, para que habiten conmigo; sólo estarán a mi servicio los de conducta intachable".*
*Salmos 101:6 (NVI)*

David no está diciendo, me quedaré solo. Porque no se trata de aislarse; es escoger la gente correcta, gente que esté conectada a lo que tú estás conectado, al propósito de Dios. Recuerda que tu diseño es único y posee sus niveles de resistencia.

¡Cuidado con quien te conectas!

Cuando seleccionas a la gente correcta y valoras tu llamado, lo próximo que debes hacer es responder con humildad al que te llama.

*"Entonces María dijo: He aquí la sierva del Señor; hágase conmigo conforme a tu palabra. Y el ángel se fue de su presencia". Lucas 1:38*

¡Conéctate a Su palabra!

Se puede, No te Rinda

No Importa, Podemos

llegó tu Tiempo, Poder

Dios Habló de ti, Él

Sueños, Transición, Lo

Podemos Lograrlo, Uno, Dos

llegó tu tiempo, Confía

## Capítulo 6

# ESTÁS EN TRANSICIÓN

*"Me volví y vi debajo del sol, que ni es de los ligeros la carrera, ni la guerra de los fuertes, ni aun de los sabios el pan, ni de los prudentes las riquezas, ni de los elocuentes el favor; sino que tiempo y ocasión acontecen a todos".*
*Eclesiastés 9:11*

Este es uno de los textos en las escrituras que más claro expone la razón por la cual unos llegan y otros no; la razón por la cual unos tienen y otros no tienen; la razón por la cual unos están y otros no están. Todo se resume a tiempo y ocasión.

Este texto nos abre los ojos de nuestro entendimiento y nos contesta algunas de las preguntas que con más frecuencia nos hacemos. He aquí dos de éstas:

1. ¿Por qué?

- ¿Por qué no tenemos lo que queremos?
- ¿Por qué no nos toman en serio?
- ¿Por qué no nos escuchan?
- ¿Por qué nos traicionan?
- ¿Por qué nos abandonan?
- ¿Por qué nos bendicen?
- ¿Por qué nos escogieron?
- ¿Por qué, por qué, por qué?

2. ¿Cuándo?

- ¿Cuándo comenzamos?
- ¿Cuándo terminaremos?
- ¿Cuándo regresas?
- ¿Cuándo te marchas?
- ¿Cuándo me pagarás?
- ¿Cuándo hablamos?
- ¿Cuándo me vas a escuchar?

- ¿Cuándo me vas a apoyar?
- ¿Cuándo pasaremos al otro lado?
- ¿Cuándo, cuándo, cuándo?

## NADA OCURRE POR CASUALIDAD, HAY UN PROPÓSITO Y UN TIEMPO PARA TODO.

Es evidente que para estas dos preguntas y para muchas, muchas más, existe siempre una respuesta. Nada ocurre por casualidad, hay un propósito y un tiempo para todo. El propósito es para traer gloria a Dios y bienestar a tu vida. El tiempo es un espacio en la vida para la manifestación del plan divino de nuestro Creador.

El rey David dijo:

> *"Mas yo en ti confío, oh Jehová; Digo: Tú eres mi Dios. En tu mano están mis tiempos; Líbrame de la mano de mis enemigos y de mis perseguidores".*
> *Salmos 31:14-15*

David fue uno de esos personajes en la Biblia que obtuvo y participó de las mayores glorias, y a su vez vivió tiempos llenos de escollos en su travesía por la vida. David vivió momentos de valentía en los cuales hacía retroceder a sus enemigos. Muchas veces, se encontró huyendo de sus enemigos. David obtuvo sus triunfos y también sus derrotas. David disfrutó tiempos maravillosos rodeados de gente y tiempos en los que sintió una inmensa soledad.

Pero... este rey poseía una cualidad muy poco común en nuestros días y es la capacidad de reconocer sus errores. Cuando fue confrontado, aún intentando evadir, se mantuvo sobre sus pies aceptando su error y permitiendo que Dios le restaurara.

Si una verdad debemos aprender en esta vida, es que hay un tiempo y hay una ocasión para todo. Para arrepentirnos, para obedecer, para trabajar y para ejecutar nuestra asignación. Por eso debemos ser prudentes, sagaces y diligentes y no permitir que el enemigo siembre en nuestras mentes, aquel pensamiento que dice que ya hemos perdido la oportunidad.

Estás a tiempo de ver y disfrutar todo lo que Dios preparó para ti. Imita a David y declara: "Estoy en un proceso, estoy en transición, estoy en mi temporada de transformación y reverdeceré, brillaré y me verán; porque tú eres mi Dios, en tus manos están mis tiempos". Recuerda:

> *"Todo tiene su tiempo, y todo*
> *lo que se quiere debajo del cielo*
> *tiene su hora". Eclesiastés 3:1*

## Transición

Transición es pasar de un estado a otro. Es la señal de que estamos mudándonos de un tiempo a otro, de una manera de pensar a otra, estás cerrando un capítulo y comenzando otro. ¡Te estás moviendo! La transición es movimiento, es la evidencia de que estas vivo(a).

**LA TRANSICIÓN ES UN MOVIMIENTO, ES LA EVIDENCIA DE QUE ESTÁS VIVO.**

Tal vez en silencio, pero en medio de una total revolución interna. El hecho de que no se vea mucho movimiento, el hecho de que no se escuche tanto ruido, no dice que no esté sucediendo nada.

## TÚ Y DIOS SON LOS MEJORES INTÉRPRETES DE TUS DÍAS.

Recuerda que hay movimientos que se hacen desde el lugar donde uno está. Donde te encuentras ahora es el lugar correcto para que sea efectiva esa transición. Si de algo estoy seguro en la vida es que, cada palabra que ha salido de la boca de Dios para nosotros se cumplirá. Tú y Dios son los mejores intérpretes de tus días. Muchas veces, el problema es que nos enfocamos en las cosas que otros alcanzan, no para celebrar, sino para reclamarle a Dios.

¿Cuántas veces te has preguntado por qué y cuándo? En lo que recibes lo tuyo, en lo que atraviesas esta etapa de tu vida llamada "transición", celebra con gozo y alegría los logros de los demás, cual si fueran tuyos. Cada sueño que otra persona alcanza me anuncia que en cualquier momento llega mi turno.

## Enfócate en lo que crees

Vive este principio:

- No me mueve lo que escucho

- No me mueve lo que veo

- Me mueve lo que creo

¡Para el que cree, todo es posible! Una cosa son las realidades de la vida y otra es tu verdad. Jesús dijo:

> "Estas cosas os he hablado para que en mí tengáis paz. En el mundo tendréis aflicción; pero confiad, yo he vencido al mundo".
>
> Juan 16:33

Entonces, ¿en qué voy a enfocarme? ¿En las aflicciones o en la gloriosa verdad de que Él venció al mundo? Tal vez no se vea un panorama atractivo en medio de una transición, es más, muchas veces se atraviesan rápido y cómodamente y otras veces no. Pero tienes que aprender a disfrutar a *Lea* en lo que llega tu *Raquel*...

# Jacob

Su suegro le pidió siete años de trabajo, los trabajó con esfuerzo por amor a Raquel. En el capítulo 29 de Génesis desde el versículo 1, comienza esta historia que tu bien conoces.

Jacob trabajó por Raquel siete años y le parecieron pocos días porque la amaba; cuando uno ama algo y más que algo a "alguien" que es de Dios, uno no mide el tiempo invertido, uno lo lucha. Cumplidos estos siete años, su suegro Labán lo engañó y luego de su boda, al despertar a la mañana siguiente, se dio cuenta que no fue con Raquel, sino con Lea con quien había compartido su lecho.

Es lamentable luchar por algo y que en la transición el resultado sea otro. Precisamente, ahí es que se pondrá en manifiesto tu capacidad y enfoque en Dios. Jacob le reclamó a Labán sobre su engaño y pidió su recompensa, pero el suegro le dio a Lea.

Lea representa este tiempo de transición; Lea representa el primer escalón, tu primer estado.

*"Y aunque tu principio haya sido pequeño, Tu postrer estado será muy grande". Job 8:7*

Muchos se rinden cuando no tienen lo que anhelan, muchos no disfrutan las temporadas pequeñas. Jacob tuvo que disfrutar a Lea, no menospreció esa temporada de su vida y concluyó su trabajo siete años más por su promesa hasta obtenerla.

**TAL VEZ NO ESTÁS DONDE QUIERES ESTAR, PERO AHÍ DONDE ESTÁS PUEDES PRODUCIR GRANDES COSAS.**

Una nota de suma importancia es que Lea fue productiva, la que le dio sus primeros hijos. Tal vez no estás donde quieres estar, pero ahí donde estás puedes producir grandes cosas. Con lo mucho o lo poco que tengas, harás grandes cosas, solo sé fiel al proceso de transición, porque ya se acerca tu graduación.

¡Recuerda que el que es fiel en lo poco, es quien cualifica para lo grande de Dios!

## Las transiciones prueban nuestra fidelidad

Dios escoge aún a los enemigos que vas a enfrentar, pues tus enemigos tienen la capacidad de promoverte a un nuevo nivel. Reconoce que lo que te va a promover, no es lo que hayas dicho o estés diciendo, es lo que hayas hecho o estés haciendo. ¿Qué vas a hacer en medio de las transiciones de la vida?

- No hagas preguntas que te lastimen y que apaguen tu ímpetu y fe
- No huyas del lugar de tu desarrollo
- No se te ocurra pensar que Dios se equivocó
- No busques un culpable
- Asume con valor tu responsabilidad
- Camina sin temor hacia tu triunfo
- Levántate, sacúdete el polvo y camina
- Anticipa tu victoria con gozo y celebra
- Mantente enfocado
- Espera en Él y Él hará
- Profetiza lo que quieres con certeza y firmeza
- Pasa esta página y comencemos un nuevo capítulo

**¡Juntos, podemos lograrlo!**

*Capítulo 7*

# LO BUENO, SERÁ PUESTO A PRUEBA

Una de las cosas que debemos tener claras es que nada es creado a menos que se tenga una visión y un propósito con lo que se ha creado.

## LA PRUEBA CONFIRMA TU CALIDAD, LA PRUEBA CONSOLIDA TU DISEÑO.

Todo producto, antes de ser sellado con la etiqueta de aprobación, tiene que pasar por diversas pruebas, las cuales evidenciarán la calidad del producto y su durabilidad. Entonces, la prueba confirma tu calidad, la prueba consolida tu diseño. A cada uno de nosotros nos vendrá nuestro examen.

*"para que sometida a prueba vuestra fe, mucho más preciosa que el oro, el cual aunque perecedero se prueba con fuego, sea hallada en alabanza, gloria y honra cuando sea manifestado Jesucristo".*
1 Pedro 1:7

*"Hermanos míos, tened por sumo gozo cuando os halléis en diversas pruebas, sabiendo que la prueba de vuestra fe produce paciencia".*
Santiago 1:2-3

**Eres oro**

¿Te has dado cuenta con qué nos comparan? Tú eres oro, aún cuando en realidad el oro es perecedero, es el metal más preciado desde los tiempos más antiguos. Hoy día en el continente africano, el oro es buscado por empresas que disponen y ponen en juego "todo" por causa de ese metal preciado.

Niños, mujeres y hombres han pagado con su vida trabajando en minas de oro. Es más, se conoce de gente mal intencionada, que utiliza niños no solo para encontrar oro de una forma despiadada, sino para contrabandear. Esto pone en evidencia que el hombre es capaz de cualquier cosa, para adquirir este preciado metal.

El oro está en todas partes, lo puedes encontrar en los refinados labrados de un lujoso altar en una "catedral", o en un imponente "palacio" acentuando los detalles que resaltan a nuestros ojos. El oro es el metal que da valor al sistema de intercambio monetario en el mundo. El oro se encuentra en las "bóvedas" de la reserva del tesoro mundial en forma de lingotes. Lo encontrarás en una joyería, en lugares públicos, en lugares secretos. Tal vez en algún lugar en tu cuerpo, en tu cuello, en tus dedos, en tus manos; porque donde quiera que el oro esté, la gente no podrá ignorarlo.

**TU ERES ORO Y DONDE QUIERA QUE HAYA ORO, LA GENTE LO NOTARÁ.**

Aún la Biblia dice que en el cielo hay oro. ¡Aleluya! ¿Ahora entiendes? ¿Te das cuenta por qué nos comparan con el oro? Somos valiosos y preciados. No hay duda en mi corazón, de que tu destino es llegar muy lejos. Llegarás a lugares de altura, lugares que jamás pensaste. Tú eres oro y donde quiera que haya oro, la gente lo notará. Tu presencia será notable, no podrán pasarte por alto, vayas donde vayas, estés donde estés; todos sabrán que allí hay "oro", porque el oro brilla y tu resplandor no podrá ser ignorado.

## Dios tiene el derecho de probar lo que Él mismo ha creado

Es que nadie se da a la tarea de crear algo que ponga en entre dicho su capacidad creativa. ¿Quién mejor que el propio diseñador supervise y apruebe su creación?

- Dios te prueba para mostrarle a la gente que su obra funciona
- Dios te prueba para mostrarle a la gente que eres bueno

- Dios te prueba para mostrarte a ti mismo que puedes lograrlo
- Dios te prueba para deleitarse en su obra

Nuestro problema estriba en que nos enamoramos de la promesa y rechazamos el proceso. La promesa es tu recompensa, el proceso es la ruta que hay que atravesar para alcanzar la promesa. Recuerda que Él no miente y por lo tanto Él no está improvisando con nosotros. Él tiene un plan perfecto, sin errores, y de mucho beneficio, que nos conviene aceptar.

> *"Dios no es hombre, para que mienta, Ni hijo de hombre para que se arrepienta. Él dijo, ¿y no hará? Habló, ¿y no lo ejecutará?"*
> *Números 23:19*

Una vez más te digo: "Somos creación de Dios, hechura suya".

Recuerda bien que la palabra "hechura" es *poiema* que significa *poema*. Tú eres el poema de Dios, eres su obra maestra, Él crea rimas contigo, tú engalanas sus versos. ¡¡Aleluya!!

## Job

Si tomamos en consideración la historia de Job, notarás que en el momento más doloroso de su proceso, Dios se le revela. Dios se hace presente en medio del proceso. El mismo Job en su declaración, la cual encontramos en el capítulo 42, del libro que lleva su nombre, admite no haber conocido a Dios en sus días de gloria. Muchas veces, las glorias alcanzadas nos llevan a enfocarnos más en sus beneficios que en Aquel que nos las ha concedido.

*"De oídas te había oído; Mas ahora mis ojos te ven". Job 42:5*

*"Y bendijo Jehová el postrer estado de Job más que el primero; porque tuvo catorce mil ovejas, seis mil camellos, mil yuntas de bueyes y mil asnas". Job 42:12*

Evidentemente, Job vio y conoció a Dios en su proceso. ¡No evadas el proceso!

**LOS PROCESOS SON EL LUGAR DE ENCUENTRO ENTRE DIOS Y TÚ.**

## Tres jóvenes hebreos

Hubo tres jóvenes, cuya historia se registra en el libro de Daniel, capítulo 3. La historia cuenta que su perseverancia y fidelidad, los llevó a vivir una impactante experiencia. Ellos estuvieron dispuestos a atravesar por el proceso, y en medio del fuego de la prueba, Dios los visitó. Sus nombres, Sadrac, Mesac y Abed-nego.

*"Sadrac, Mesac y Abed-nego*
*respondieron al rey Nabucodonosor,*
*diciendo: No es necesario que*
*te respondamos sobre este asunto.*
*He aquí nuestro Dios a quien servimos*
*puede librarnos del horno de fuego*
*ardiendo; y de tu mano, oh rey, nos librará.*
*Y si no, sepas, oh rey, que no serviremos*
*a tus dioses, ni tampoco adoraremos la*
*estatua que has levantado".*
*Daniel 3:16-18*

Al seguir leyendo, encontramos lo siguiente:

*"Entonces estos varones fueron*
*atados con sus mantos, sus calzas,*
*sus turbantes y sus vestidos, y fueron*
*echados dentro del horno de fuego*

*ardiendo. Y como la orden del rey era apremiante, y lo habían calentado mucho, la llama del fuego mató a aquellos que habían alzado a Sadrac, Mesac y Abed-nego. Y estos tres varones, Sadrac, Mesac y Abed-nego, cayeron atados dentro del horno de fuego ardiendo. Entonces el rey Nabucodonosor se espantó, y se levantó apresuradamente y dijo a los de su consejo: ¿No echaron a tres varones atados dentro del fuego? Ellos respondieron al rey: Es verdad, oh rey. Y él dijo: He aquí yo veo cuatro varones sueltos, que se pasean en medio del fuego sin sufrir ningún daño; y el aspecto del cuarto es semejante a hijo de los dioses". Daniel 3:21-25*

Nota bien que lo primero que ocurre, es que los hombres que echaron en el fuego a estos tres jóvenes, murieron calcinados por las llamas del fuego. Debes saber que habrá gente en el proceso por los cuales tú no tendrás de que preocuparte. Dios creará una barrera que consumirá a aquel que se levante contra ti. El proceso provee herramientas, el proceso traerá su propio sistema para tu defensa y protección. Lo que la gente piensa que te destruirá, será el mayor testimonio de tu victoria.

## CADA PROCESO ELEVA TU VIDA A ALTURAS DONDE INEVITABLEMENTE LA GENTE TE MIRARÁ.

Pero no solo el que atraviesa por el proceso tiene el beneficio de crecer en la experiencia; cada proceso elevará tu vida a alturas donde inevitablemente la gente te mirará. Te mirarán al mismo nivel del cuarto Hombre, porque no importa cuán fuerte sean las llamas, tú brillarás más y las llamas te harán resplandecer.

Tu carácter atravesará el sendero de la madurez desarrollando en ti una columna vertebral fuerte, que no se doblará ante los embates de la vida. Estos jóvenes, provocaron no solo la visitación de Dios, sino que sus adversarios fueron testigos de esa visitación. Precisamente, fue el rey Nabucodonosor quien se percató que en el horno de fuego había otro hombre y que su aspecto era semejante al Hijo de los dioses.

No evadas el proceso, porque en la etapa en que te encuentras, por más fuerte que sea, por más incómoda y por más oscura que sea, Su luz resplandecerá. Todos verán que no estás sola (o), notarán que tu proceso es el lugar de encuentro con tu Ayudador. Ellos serán testigos de esa visitación divina.

Salmos 23:5 declara:

> *"Aderezas mesa delante de mí*
> *en presencia de mis angustiadores;*
> *Unges mi cabeza con aceite;*
> *mi copa está rebosando".*

¡Aleluya!

El rey dijo que los cuatro varones se paseaban entre el fuego. El proceso es para que te pasees en él; para que te muevas a tu próximo nivel, para que camines con tu frente en alto.

El diccionario Vox define *paseo* como:

- Lugar público por donde se puede pasear con comodidad
- Distancia corta que se puede recorrer en poco tiempo

Y la Biblia dice:

> *"Él da esfuerzo al cansado, y multiplica las fuerzas al que no tiene ningunas. Los muchachos se fatigan y se cansan, los jóvenes flaquean y caen; pero los que esperan a Jehová tendrán nuevas fuerzas; levantarán alas como las águilas; correrán, y no se cansarán; caminarán, y no se fatigarán". Isaías 40:29-31*

Convierte el proceso en tu lugar de encuentro con Dios. Será el proceso tu lugar para pasear. A la medida en que no te distraigas y te enfoques solo en los beneficios del proceso, el camino será más corto. La actitud que asumas ante el proceso, dictará si podrás pasearte en medio del fuego o sentarte en el baúl de tus inseguridades y ser consumido por sus llamas.

Recuerda lo que dijo el apóstol Santiago en su carta:

> *"Hermanos míos, tened por sumo gozo cuando os halléis en diversas pruebas, sabiendo que la prueba de vuestra fe produce paciencia". Santiago 1:2-3*

Se puede, No te Rinda

No Importa, Podemos

llegó tu Tiempo, Poder

Dios Habló de ti, Él

Sueños, Transición, La

Podemos Lograrla, Uno Dos

llegó tu Tiempo, Confía

# Capítulo 8

# ESTA TEMPORADA NO DEFINE TU FUTURO

Hay seis cosas que debes tener bien claras:

1. Desde el principio tu final es glorioso
2. Dios no está improvisando contigo
3. Él determinó que su propósito se cumplirá en ti
4. Tu victoria no está conectada a esta temporada
5. Tu temporada no disminuye tu potencial
6. Todo obra para bien

Si algo un hijo de Dios no debe olvidar, es que Dios es un Dios de propósito. Él, en su soberana y vasta sabiduría, determinó una vida de éxito para sus hijos. Él es y será por nosotros.

*"Oídme, oh casa de Jacob, y todo el resto de la casa de Israel, los que sois traídos por mí desde el vientre, los que sois llevados desde la matriz. Y hasta la vejez yo mismo, y hasta las canas os soportaré yo; yo hice, yo llevaré, yo soportaré y guardaré". Isaías 46:3-4*

¡Cuando Dios ama, ama hasta la muerte! Su amor no tiene fecha de expiración, su favor no caduca. Él se complace en completar lo que ha comenzado.

Cuando lees la historia de este pueblo, descubres que atravesó por un infierno. Fueron abusados, traspasados hasta la muerte, su dignidad fue sacudida, su fatiga los llevó a adorar a otros dioses. En ocasiones negaron su fe, se olvidaron del pacto, se olvidaron de su Dios. Pero su Dios, nunca, nunca se olvidó de ellos.

Jamás Dios fallará a su palabra. El pueblo de Israel pasó por dos cautiverios: el primero en Egipto y este en Babilonia. Quiero enfatizar que cautiverio es cautiverio, estés donde estés; porque el cautivo pierde sus derechos y está destinado a ejecutar solo la voluntad de sus superiores. Pero el destino de Dios para con nosotros es que seamos libres de toda opresión, porque a libertad nos ha llamado el Señor. Entonces, una temporada no puede esclavizarte. No puedes permitir que el pasado se convierta en el tirano de tu presente. Sin tener que profundizar en la historia que vivió este pueblo (porque fueron muchos los episodios que trataron de marcar su destino), sabemos que en ellos se cumplió la intención de Dios. Por tal razón, desde el principio tu final es glorioso.

*"Pero Dios, que es rico en misericordia, por su gran amor con que nos amó, aun estando nosotros muertos en pecados, nos dio vida juntamente con Cristo (por gracia sois salvos), y juntamente con él nos resucitó, y asimismo nos hizo sentar en los lugares celestiales con Cristo Jesús".*
*Efesios 2:4-6*

Imagínate que aún no habíamos nacido; estábamos muertos en nuestra antigua manera de vivir y Él ya nos había posicionado. Porque cuando Dios pone sus ojos en alguien, lo cubre con su misericordia y esa cobertura te libra de todo dedo señalador. Es por eso que esta temporada no define tu futuro. Lo que hará la diferencia es cómo le haces frente a la vida.

Dios te garantiza un final seguro, porque tu victoria no está conectada a esta temporada, sino a su palabra. Entonces, somos nosotros los que tenemos que ajustarnos al diseño. Jesús dijo: "fuera de mí, nada podéis hacer".

El profeta Isaías recibe palabra de restauración y liberación para el pueblo en cautiverio. Dios dice: "yo te atraje, te escogí desde el vientre". Luego habla del futuro del pueblo, aún desde la condición en la que éste se encontraba, y le dice: "yo te sostendré hasta la vejez, hasta las canas los guardaré".

Dios dice, me fallaste, pero yo no te fallaré. Dios dice, si desde el lugar donde te encuentras me buscares, me hallarás.

> *"Mas si desde allí buscares a Jehová tu Dios, lo hallarás, si lo buscares de todo tu corazón y de toda tu alma".*
> *Deuteronomio 4:29*

No te conectes a lo físico, tú no eres lo que esta temporada dice. Siempre que viene una promoción o un cambio de nivel, atravesarás tiempos de prueba.

En lo natural existen cuatro temporadas:

* Primavera
* Verano
* Otoño
* Invierno

Cada una de ellas trae su ambiente; todo ser creado por Dios posee lo necesario para resistir los embates de cada temporada. No solo los humanos poseen esa cualidad, sino la misma naturaleza; la flora y la fauna pueden soportar los cambios de las temporadas.

Cuando Moisés salió de Egipto hacia la tierra prometida, estuvo cuarenta años en el desierto. Ahora bien, no estoy diciendo que estarás cuarenta años en tu proceso, pero tú decides cuánto tiempo estarás ahí.

Juan el Bautista, comenzó su ministerio en el desierto, Jesús fue llevado por el Espíritu al desierto. Lo que hará la diferencia en cada temporada, está en reconocer que Dios nunca te dejará.

## DIOS TE DISEÑÓ PARA ESTE TIEMPO Y TE EQUIPÓ PARA EL TRIUNFO.

Permite que cada temporada te eleve a niveles nunca antes vividos. Descubrirás que tienes todo lo que necesitas dentro de ti, Dios te diseñó para este tiempo y te equipó para el triunfo. José vivió distintas temporadas, y si por lo duro de las pruebas fuera, tal vez no hubiese llegado nunca a su destino. José sólo se enfocó en su sueño, ya tú conoces la historia:

• Odiado por sus hermanos

• Vendido por sus hermanos

• Vivió en la casa de Potifar

• Acusado por la mujer de Potifar

• Preso en la cárcel del palacio

• Gobernador de Egipto

Lo grandioso fue que José no dejó de soñar y de interpretar los sueños de los demás, aún atravesando por las temporadas más crueles. José nunca descuidó su conexión con el Dador de los sueños.

Así que no importa cuán fuerte sea la temporada, cuán injusto sea el proceso, nada podrá desconectarte del propósito de Dios; porque los tiempos difíciles son los que te acercan más a Dios.

*"Aunque ande en valle de sombra de muerte, No temeré mal alguno, porque tú estarás conmigo; Tu vara y tu cayado me infundirán aliento".* Salmos 23:4

José pasó el examen porque ni la traición, ni la envidia de sus hermanos, ni el dedo acusador de la mujer de Potifar, ni el olvido de su compañero de celda, cancelaron la intención de Dios para con él. Ya tu final está escrito, solo falta que tú lo creas y provoques que así sea.

## YA TU FINAL ESTÁ ESCRITO, SOLO FALTA QUE TÚ LO CREAS Y PROVOQUES QUE ASÍ SEA.

*"Pues tengo por cierto que las aflicciones del tiempo presente no son comparables con la gloria venidera que en nosotros ha de manifestarse". Romanos 8:18*

Mantente firme, las temporadas que se avecinan traen en ellas tu victoria, porque cada una de ellas está programada por Dios para tu desarrollo. Serás la mujer que Dios siempre pensó; serás el hombre soñado por Dios. No corras del lugar de tu promoción.

Esta temporada no define quien eres, solo será el escenario desde donde Dios mostrará a tus enemigos lo que es capaz de hacer con los que le aman.

*"Y sabemos que a los que aman a Dios, todas las cosas les ayudan a bien, esto es, a los que conforme a su propósito son llamados". Romanos 8:28*

**¡Prepárate!**
**¡Se acabó esta temporada!**

# Capítulo 9

# LLEGÓ TU TIEMPO

*"Mi siervo Moisés ha muerto; ahora,*
*pues, levántate y pasa este Jordán".*
Josué 1:2

Dios me ha concedido el privilegio de viajar a muchos lugares del mundo para cantar y ministrar la palabra. Aún con los años que llevo en esta práctica (ya son más de veintiocho años) mi cuerpo se torna sudoroso y mi voz siente la presión de los nervios.

Y es que, cada vez que escucho esa frase "llegó tu tiempo" me reta. Me reta el saber que he sido elegido por alguien que merece mi mejor ejecución. Es por ello que me he planteado el compromiso de hacer todo lo que esté a mi alcance como humano para representarlo a Él dignamente.

Hace muchos años que llevo prendada esta frase en mi corazón:

*"El cielo se despojó de lo más preciado
(Cristo) para así levantar de la tierra
a lo más preciado (El hombre)".*

Cristo Jesús no se escudó, ni se excusó por su posición, mucho menos por su naturaleza. Aún siendo Dios, se hizo como nosotros, se bajó para alzarnos, se humilló para levantarnos, murió para darnos vida y resucitó para posicionarnos. Desde entonces, he decidido esforzarme por hacer las cosas bien y con pasión, porque Él se lo merece.

Cada vez que escuches estas palabras, "llegó tu tiempo", respira libre, profundamente y declara, "voy a aprovecharlo bien, porque Él se lo merece".

## NO PASARÁS NINGUNA PRUEBA, NO ATRAVESARÁS NINGUNA TRANSICIÓN O PROCESO A MENOS QUE TE LEVANTES.

## Josué

Al leer el verso con el que inicio este capítulo (Josué 1:2), habrás notado que Jehová Dios le dice a Josué "levántate y pasa este Jordán". Es por eso que te recuerdo que no pasarás ninguna prueba y no atravesarás ninguna transición o proceso, a menos que te levantes. Levantarse no tiene nada que ver con la postura corporal, más bien tiene que ver con una actitud emocional y espiritual.

Viene a mi mente la anécdota sobre el niño que era muy inquieto y a cada instante se ganaba un halón de orejas, en su casa o en la escuela. Su energía era tal que no podía contenerla. Un día la profesora le llamó la atención y lo castigó.

¿Cuál fue su castigo? No participar en la clase y permanecer sentado en una esquina del aula de clases. Pasadas algunas horas, sus compañeros se burlaban de él diciéndole, "no te puedes levantar", "tienes que quedarte sentado", a lo que el niño reaccionó diciendo: "estoy sentado… pero por dentro estoy de pie".

Porque levantarse no tiene que ver con el lugar en donde te encuentras, ni con tu preparación, ni con tus años de experiencia, sino que tiene que ver con la actitud que asumas ante los retos de la vida.

## EL QUE NO CONOCE LA HISTORIA CORRE EL RIESGO DE REPETIRLA.

Uno de los peligros más grandes y frecuentes, es quedarse sentado sobre el trono de glorias pasadas. A veces se nos olvida que cada gloria tiene su espacio y tiempo. Bien lo dice el dicho: "no vivas de glorias pasadas". Con esta expresión no busco traer deshonra a las glorias pasadas y mucho menos olvidar que gran parte de ellas nos trajeron hasta aquí. Solo que esas glorias tenían fecha de expiración y Dios no es el Dios de una época, Él es el Dios del eterno presente.

Así que siempre es bueno revisar cómo se hicieron ciertas cosas en el pasado, solo para no repetir los mismos errores; porque el que no conoce la historia, corre el riesgo de repetirla.

Josué no podía amarrar su presente a lo viejo, por eso Dios le dice claramente que su siervo Moisés había muerto y que le tocaba el turno a él de pasar el pueblo al otro lado. ¿Te das cuenta que la promesa sigue viva? Desde los tiempos de Abraham, la intención de Dios era posicionar a su pueblo a un nivel glorioso, por encima de los demás pueblos.

> **LA PALABRA DE DIOS NO FRACASARÁ EN ENCONTRAR EL INSTRUMENTO IDEAL QUE LA LLEVE A SU CUMPLIMIENTO.**

Una promesa de Dios tiene el poder de trascender tiempos y generaciones hasta que llegue su cumplimiento. Esta promesa fue dada a Abraham, Jacob, Moisés y ahora le tocaba el turno a Josué. Te aseguro que la palabra de Dios no fracasará en encontrar el instrumento ideal que la lleve a su cumplimiento.

¡Wow! El Señor te dice hoy: "Llegó tu tiempo, tú eres el elegido" ¡Y no pienses que no había más candidatos! Pero…¡Te escogieron a ti!

## Tiempo

Existen dos dimensiones referentes al tiempo: lo que conocemos como el *cronos* y el *kairos*.

El cronos es la dimensión en la cual vivimos los humanos. El cronos se mide en:

- Segundos
- Minutos
- Horas
- Días
- Semanas
- Meses
- Años
- Siglos

El kairos es a lo que yo llamo una visitación de Dios en nuestro cronos. Es cuando el Dios del eterno presente paraliza el cronos con su eternidad, para manifestar lo eterno, lo que permanece, lo que no tiene fin. Es cuando el de repente de Dios te hace justicia; es cuando el milagro ocurre, aún cuando los ángeles no estén moviendo las aguas. El kairos es la prueba y manifestación del compromiso del Dios que no miente.

El kairos, no es manipulado por el cronos, el cronos tiene que abrir la puerta cuando el kairos llega. No se sujeta a tu tiempo, no se sujeta a tu espacio, no se sujeta a tu entorno. Simplemente llega y produce lo de Dios en nosotros.

## LA ETERNIDAD TE ESTÁ VISITANDO PARA MANIFESTAR EN TI SU PODER.

Entonces, cada vez que escuches esta frase: "llegó tu tiempo", actúa, muévete, camina. Porque la eternidad te está visitando para manifestar en ti su poder.

Josué tenía que asumir una postura de conquistador. A menos que asumas una postura correcta, no provocarás que otros asuman la suya. Nuestra actitud inyecta ánimo y fe a otros.

## Levántate y asume postura

Cuando una persona rehúsa levantarse, afloran de su carácter, todas estas características:

- Inactividad

- Cansancio

- Fatiga

- Frustración

- Apatía

- Negación

- Conformismo

- Pasividad

- Falta de deseos

- Falta de planes

- Ausencia de sueños

- Esterilidad

- Y lo que es peor, muerte

# DIOS ES UNO DE PROPÓSITO, POR LO TANTO JAMÁS TE LLAMARÁ A QUE HAGAS EL RIDÍCULO.

Dios le dice a Josué qué hacer para pasar al otro lado. Siempre que Dios llama, entrega el mapa, entrega los planos, porque Dios no es pregonero de improvisación.

*"Porque somos hechura suya, creados en Cristo Jesús para buenas obras, las cuales Dios preparó de antemano para que anduviésemos en ellas". Efesios 2:10*

Dios es uno de propósito, por lo tanto jamás te llamará a que hagas el ridículo. Él te promueve hoy para que tus obras le traigan gloria y honra a su nombre. Levantarse es creerle a Dios, es una actitud interna que produce una revolución externa. Levantarse es decir: "heme aquí". Levantarse es rehusarme a quedarme congelado en el tiempo, cuando Él es el sol de justicia. Levantarse es reconocer que algo nuevo viene; que se acerca un proyecto del cielo y que yo soy el administrador de ese proyecto. ¡Aleluya!

Algo que debes tener claro es que hay gente que espera por ti, porque de acuerdo a tu conquista ellos conquistarán. Hay gente que no podrá celebrar a menos que tú conquistes y proveas para su celebración. Hay gente que cantará la canción que tú escribas. Hay promotores de ideas esperando promover las tuyas, hay edificadores esperando por el diseño de tu nueva casa. Hay un púlpito esperando que pongas sobre él las notas de tu mensaje, hay una multitud de testigos esperando para dar testimonio de ti.

Levántate porque hay un vientre que espera tu semilla, hay un gigante que derribar, una serpiente que aplastar. Hay un ejército que dirigir y una batalla que ganar, hay un sordo que quiere oír y un ciego que quiere ver. Hay un cojo que necesita de tu mano para caminar. Levántate, porque hay miles de voces que han hecho silencio para que sobresalga la tuya, levántate y verás que no hay más tinieblas. La sabiduría está hablando de ti, la inteligencia se ha inclinado a tus pies. ¡El viento sopla a tu favor, los árboles aplaudieron cuando te llamaron y la misma naturaleza espera que te manifiestes!

¡Levántate, sí levántate...porque llegó tu tiempo!

*Capítulo 10*

# PERSEVERA

*"No nos cansemos, pues, de hacer
bien; porque a su tiempo segaremos,
si no desmayamos". Gálatas 6:9*

Te aseguro que pasarás esta temporada con más expectativa, ánimo y determinación, si te enfocas y perseveras en Su palabra. A nuestro alrededor hay muchas cosas que nos pueden distraer. Cosas que de alguna manera captan nuestra atención por su encanto y por nuestra desesperación. Muchas veces nos vemos tentados a dejarlo todo y seguir tras ofertas que con mucha sutileza llaman nuestra atención. Ofertas que nada tienen que ver con nuestro destino profético. Ofertas que sólo vienen para que seamos descalificados.

Yo he sido testigo ocular de gente que se encuentra haciendo lo que no fueron llamados a hacer y que viven de frustración en frustración lamentándose por no haber esperado su tiempo.

Podrás ser una persona súper dotada, llena de talentos, con toda la educación del mundo, sumamente inteligente o con dinero ...pero hace falta ser perseverante para poder llegar a tu destino.

En este caminar he encontrado gente con grandes sueños, deseosos por emprender su proyecto más anhelado y sí lo han comenzado, pero no poseen el espíritu para completar lo que comenzaron. Para tener éxito, para lograr tus sueños, para pasar a tu nueva etapa tienes que conocer y caminar en el principio de la perseverancia.

PERSEVERAR O PERSISTIR

- Dedicación y firmeza en las actitudes
- Dedicación y firmeza en las ideas ó en la realización de las cosas que emprendemos

- Firmeza de espíritu (actitud)

No tengo duda de que Dios tiene grandes cosas para ti. Hoy te digo: ¡No dejes que la desesperación te gane esta guerra!

¿Deseas tener éxito en lo que emprendes? Entonces has que la perseverancia se convierta en tu regla de vida.

Si has seguido al pie de la letra el espíritu de este libro, habrás notado que he sido enfático acentuando el hecho de que tus sueños serán probados. Te repito que cada uno de tus intentos para lograr lo que anhelas tendrá oposición. Tienes que llegar al punto de hacer de tus metas una obligación. Tienes que ser firme en tus convicciones y no dejarte vencer por la tentación de desistirte.

Cuando un agricultor siembra lo hace en la certeza de que cosechará. Un agricultor está consciente de que hay un proceso de espera. Eso precisamente es perseverar, perseveras en lo que crees, en lo que conoces.

Cuando tú tienes claro tu llamado, cuando tienes claro para quién es y quién te llamó, perseveras. Una persona perseverante no le teme al futuro y vive tranquilo. Lo que pone en evidencia la perseverancia de una persona es que no deja de invertir en sus sueños.

¿Has visto los grandes rascacielos? Éstos no aparecieron de la noche a la mañana. Alguien los soñó, los pensó con detenimiento, luego se fue desarrollando la idea, se hizo la presentación, se creó el proyecto, se vendió. Se busca la gente idónea; en fin, toma tiempo, pero se logra.

Perseverancia es lo que te ayudará a caminar firme, sin desmayar. Es lo que aumentará tus expectativas.

El texto que escogí para coronar este capítulo habla por sí solo.

*"No nos cansemos de hacer el bien, porque a su debido tiempo cosecharemos si no nos damos por vencidos". Gálatas 6:9 (NVI)*

Este verso está enmarcado en un contexto muy particular. El Apóstol Pablo le escribe a los Gálatas, un grupo de la iglesia.

En aquel entonces existía una polémica entre los legalistas judaizantes, que querían obligar a los cristianos nacientes a cumplir con las leyes del Antiguo Testamento, las cuales representaban una verdadera carga para la iglesia naciente. Por otra parte el Apóstol Pablo enfatizaba que la salvación era por gracia, mientras que éstos querían aplicar el peso de la ley como requisito de salvación.

El Apóstol Pablo en el capítulo 6 comienza a enfatizar en lo que realmente tiene relevancia y es en el trato de los unos con otros, resaltando el hacer el bien. En otras palabras, "perseverar" en esta práctica sin desmayar, porque a su tiempo cosecharemos.

He escogido este verso por lo preciso y claro. Si algo nos llevará a disfrutar los resultados que anhelamos es la perseverancia. Si algo te ubicará a la puerta del triunfo será la perseverancia.

La perseverancia es la fuerza de Dios que te mantiene pujante, dinámico y aferrado a tus sueños.

La mujer del flujo de sangre en Lucas capítulo 8, después de doce años no perdió la esperanza y fue sanada.

## La mujer del flujo de sangre

El relato bíblico nos presenta una mujer que invirtió todo lo que tenía. Y es que todos los esfuerzos son siempre inversión, no pérdida. En el verso 43 de Lucas 8 dice que esta mujer llevaba doce años en esta condición; que gastó todo lo que tenía. Es notable que aún tenía esperanza, pues su perseverancia la llevó a tocar a Jesús.

La perseverancia es fe, es por esto que Jesús le dijo a la mujer:

> *"Hija tu fe te ha salvado; ve en paz". Lucas 8:48.*

La perseverancia no es estar sentado, es actuar; porque la fe sin obra es muerta. No dejes de hacer lo que te corresponde, aún cuando te sientas débil y sin fuerzas como esta mujer, no desistas, sigue intentándolo, siempre habrá un manto que tocar. Un toque de perseverancia extrae la virtud de fuente correcta y escucharás una vez más esa voz decir: "tu fe te ha salvado; ve en paz".

Job dijo:

*"Yo sé que mi Redentor vive, Y al fin se levantará sobre el polvo; Y después de deshecha esta mi piel, En mi carne he de ver a Dios". Job 19:25-26.*

Es curioso que esta declaración de Job nace de su aflicción, no de su esperanza. Job está recriminando el abuso, el dolor de la soledad, la pérdida de las cosas más importantes de su vida. La humillación y esos dedos señaladores sólo aparecen para hacernos culpables de nuestras derrotas y desaciertos.

Hablar de lo bueno en tiempos buenos es fácil, hablar de esperanza cuando los que te rodean te apoyan y lloran contigo es fácil. Pero Job estaba rodeado de acusación. Job estaba rodeado de preguntas incriminatorias y falto de apoyo. Desde ahí habla, desde la soledad aún cuando estaba rodeado de gente; estaba solo.

Fue en el tiempo más difícil donde nacieron estas palabras que hablan de perseverancia: "yo sé que mi Redentor vive". La diferencia está en lo que tú sabes, no en lo que opinan los demás. Job dijo: "yo sé".

Persevera porque tú sabes que Él no miente y en ti se cumplirá lo que Él dijo.

*"Y bendijo Jehová el postrer estado de Job más que el primero; porque tuvo catorce mil ovejas, seis mil camellos, mil yuntas de bueyes y mil asnas".*
*Job 42:12*

¡Persevera, porque lo que viene es mayor!

David dijo:

*"Pacientemente esperé a Jehová, Y se inclinó a mí, y oyó mi clamor. Y me hizo sacar del pozo de la desesperación, del lodo cenagoso; Puso mis pies sobre peña, y enderezó mis pasos. Puso luego en mi boca cántico nuevo, alabanza a nuestro Dios. Verán esto muchos, y temerán, Y confiarán en Jehová".*
*Salmos 40:1-3*

Indudablemente David está hablando de perseverar. La palabra "esperé" indica "perseveré". Ni el dolor, ni la frustración, ni la fatiga y la desesperación fueron más fuertes que la perseverancia. Porque perseverar es enfocarte en el que te llamó, perseverar es una advertencia a tu enemigo de que te levantarás. Es una declaración de que todos tus pasos son seguros y que Jesús la roca inconmovible será tu fuerza; y desde esa roca cantarás tu testimonio de alabanza.

Persevera, que comenzaremos a cantar un cántico nuevo que provocará que otros teman y confíen en Jehová. Tu testimonio de perseverancia provocará esto.

**¡Recuerda bien que todo cede
ante la perseverancia!**

Se puede, No te Rinda.

No Importa, Podemos.

llegó tu Tiempo, Poder,

Dios Habló de ti, El

Sueños, Transición, Lo

Podemos Lograrlo, Uno, Dos

llegó tu Tiempo, Confía

# Capítulo 11

# PODEMOS LOGRARLO

*"Porque no nos ha dado Dios espíritu de cobardía, sino de poder, de amor y de dominio propio". 2 Timoteo 1:7*

¡Fue una noche inolvidable! La sala del prestigioso Teatro Tapia en San Juan de Puerto Rico, estaba totalmente llena. Era el año 1987, en el mes de noviembre. El Teatro vibraba con el estruendo de las voces y los aplausos del público, que emocionados, expresaban su admiración ante el desfile de cada participante. *El Festival de la Voz y La Canción Arpa de Oro*, por segunda ocasión logró juntar en una noche, diez de las voces más sobresalientes para esa edición, junto a una orquesta de treinta profesores de los mejores del patio.

Fueron varios meses de ensayos para pasar el cedazo de un exigente jurado con vasta preparación en el campo de la música. ¡Y llegó la gran noche! Cada uno de los participantes tenía que dar lo mejor de sí. No se esperaba menos; después de una larga jornada dando lo mejor, entregando en cada ensayo su todo, llegó el día de mostrar el por qué estaban allí.

Dentro del público había representación de cada pueblo, familias enteras respaldando a su preferido; en fin era la noche que todos esperábamos con ansias. Yo en una esquina del vestíbulo esperando ser llamado, me llevaba las manos hasta mi rostro y ya con las manos frente a mi boca, soplaba mi aliento sobre ellas para así calentarlas y calmar la ansiedad que me invadía. Era terapéutico sentir calor en mis manos y caminar de lado a lado. A cada momento hablaba conmigo mismo una y otra vez diciéndome: "calma, podemos lograrlo".

Lo curioso del caso es que esta era mi segunda oportunidad, por segunda ocasión estaba participando en este *Festival de la Voz y Canción*. No recuerdo en cual lugar quedé en la primera edición, tal vez, ni último; pero no me rendí. Volví a hacer todo lo correspondiente al protocolo del certamen, fui paso a paso: la inscripción, la audición, cantar frente a los jueces... En fin, volví a comenzar desde el principio. Ese año, obtuve el tercer lugar a nivel nacional con una canción de mi autoría, llamada *No te Rindas*. Un muchacho sin posibilidades, pero soñador; sin recursos económicos, pero con un Dios que suple para todas nuestras necesidades. Un joven sin estudios musicales, pero con el toque de la gracia de Dios sobre mi vida.

Hoy día, puedo decirte con seguridad, *¡Podemos Lograrlo!* Si me hubiese quedado cantando en la cocina de mi casa, de seguro usted no hubiese sabido de mí. Cantar frente a mi madre, para mí no era problema, cantar frente a mi destino, era todo un reto. No hablo de cantar frente a la gente, hablo de cantar lo que Dios pide de nosotros, donde Él diga, a quien y cuando Él diga.

Te aseguro que llegará el tiempo en que tendrás que abandonar las ovejas para cantar ante tu destino: ¡El palacio del Rey! En esa asignación divina, el rey será liberado de su tormento con la gracia de tu voz y las ovejas que escucharon tu corazón, serán tus promotores.

## SIEMPRE DIOS COLOCARÁ EN TU CAMINO LA GENTE IDÓNEA.

Cuando leo este verso, con el cual hemos comenzado este capítulo me emociono. El Apóstol Pablo, como un padre que reconoce la grandeza de un hijo y ante la amenaza de aquel tiempo, aconseja a su hijo Timoteo a cuidarse y a no temer. Pablo le dice a su hijo en la fe, "aviva el don de Dios que está en ti". Que nada ni nadie apague el fuego impetuoso y esa gracia...Pablo le dice: "yo soy tu apoyo". Porque, si algo debes tener claro, es que solo no se puede. Siempre Dios colocará en tu camino la gente idónea.

El Apóstol busca que su hijo reconozca que el Dios que llama, cuida de los suyos, pero que nosotros también debemos tener cuidado porque hay gente que no posee nuestro corazón. Pablo fue tan claro que le señaló por nombre a todos los que se habían desviado; porque un verdadero amigo te protege y te advierte del mal. Le dijo con quien caminar y con quien no caminar.

*"Mas evita profanas y vanas palabrerías, porque conducirán más y más a la impiedad. Y su palabra carcomerá como gangrena; de los cuales son Himeneo y Fileto, que se desviaron de la verdad, diciendo que la resurrección ya se efectuó, y trastornan la fe de algunos".*
*2 Timoteo 2:16-18*

No retrases tu destino por gente que carga un espíritu de atraso. Gente que hace mucho tiempo se desconectaron del propósito. Es importante identificar la gente que afecta negativamente tu vida y evitarlas. Tienes que ser valiente por el espíritu que tú cargas; porque es la herencia, es el legado que hemos recibido de parte del Padre: dominio propio, amor, poder, esa es la naturaleza de nuestro espíritu.

# NO RETRASES TU DESTINO POR GENTE QUE CARGA UN ESPÍRITU DE ATRASO.

Hay mucho por delante, es grandioso lo que te aguarda, hay mucho por descubrir. Tú has sido el elegido para esta excitante aventura, el mundo espera por ti, porque su libertad depende de tu decisión.

> *"porque también la creación misma será libertada de la esclavitud de corrupción, a la libertad gloriosa de los hijos de Dios".*
> *Romanos 8:21*

Mientras más rápido camines hacia tu destino, así de pronto será la creación libertada. ¡Han pasado más de veintiocho años desde aquella noche en el teatro Tapia y he crecido en todos los aspectos!

La guitarra de papi me sirvió de mucho. De niño solía tomarla "prestada" sin permiso y a escondidas practicaba sobre aquellas cuerdas lo que observaba a mi padre hacer con ella. El tío Pello, hermano mayor de mami, de quien también heredé la vena musical, me enseñaba acordes, él es ese tío que nunca se casa y que vivió con nosotros hasta el día su muerte.

Papi me vio un día desarrollándome en la guitarra y sintió más confianza de prestármela. Mi viejo murió en el 1996, nueve años después de aquella gloriosa noche; fue un hombre a quien amé y respeté y de quien heredé mi segundo nombre René Antonio. Ya mi madre no está en esta tierra, pues se fue a morar en paz con el Señor hace varios años. Pero sus consejos y lo que sembró en mi carácter, me han perseguido hasta hoy.

Puedo hablarte de la satisfacción de saber que antes de irse pudo ver las promesas de Dios cumplidas en aquel su hijo, el que le cantaba tarareando versos inconclusos en la cocina. ¡La misma cocina en la que tantas veces nos hizo de comer ñame de monte con mantequilla y agua con azúcar! La misma que conoció la más profunda miseria y de la que nació la más valiosa riqueza… Y desde allí, mirando hacia la ventana del pequeño patio de nuestra modesta casa en el barrio Candelaria Arenas (abajo) de Toa Baja, soñaba con un futuro esperanzador lleno de promesas.

Mi imaginación se desplazaba sin saberlo hacia mi destino… ¡estaba en transición! Mis pensamientos volaban tras mis versos y mi voz llegaba hasta el cielo a los oídos de un Dios vivo, uno que me ha guiado en cada paso de mi destino cumplido.

Mi madre se sintió honrada de ver en su hijo (aquel muchacho enfermizo, debilucho y sin posibilidades), el cumplimiento de la palabra profética que nuestro Padre había dictado para mí. Asimismo pudo ver con sus ojos y también comer del fruto de toda promesa cumplida. ¡Para mí ese fue el gozo mayor, y para mi Señor toda la gloria y la honra!

Dios ha sido bueno, ninguna de sus promesas han caído sobre tierra y en mi mente finita jamás imaginé la trascendencia de aquellos versos de esa canción que bien conoces *No te Rindas*. No contaré la historia de mi proceso hasta lograrlo, ese tal vez será el tema biográfico de mi próximo libro. Pero sí debo decirte y reiterarme en que todo pensamiento plasmado y expuesto en este escrito lo he vivido en la verdad y realidad de mi experiencia. La razón inequívoca y mi mayor motivación es el deseo de mi corazón, de que el mismo Dios que me escogió a mí, cumpla en ti su destino profético bendiciéndote.

Recuerda siempre que DIOS HABLÓ DE TI y SI ÉL LO DICE, YO LO CREO. Escucha bien porque ya comenzó el conteo: UNO, DOS Y TRES. Se definen y desarrollan LAS TRES ETAPAS DE TUS SUEÑOS. Comienza a preparar el camino haciendo LAS CONEXIONES CORRECTAS. No temas a los cambios que se aproximan, ESTÁS EN TRANSICIÓN y en esta temporada LO BUENO SERÁ PUESTO A PRUEBA. Sigue adelante, ESTA TEMPORADA NO DEFINE TU FUTURO porque LLEGÓ TU TIEMPO...

¡PERSEVERA!

Toda la creación espera por ti, las flores adornan tu camino... el sol alumbra tu sendero, las estrellas adornan tu noche, el viento sopla a tu favor... las aves entonan la canción de triunfo, la alfombra espera tus pasos. Camina con firmeza, levanta tu cabeza, llegó tu turno, vamos no temas... tú puedes...

**¡PODEMOS LOGRARLO! ¡CRÉEME!**
**¡PODEMOS LOGRARLO!**

**RENÉ GONZÁLEZ** es un hombre que se destaca por su característica sencillez, su buen humor, su gran voz, y su eterno esfuerzo de llevar un mensaje de aliento y ánimo por medio de la música y la palabra. Su ferviente seguimiento al "Caballero de la Cruz" comenzó luego de haber superado milagrosamente una enfermedad en su infancia.

Nacido en el seno de una familia humilde en Puerto Rico, René González comenzó a temprana edad a cantar y tocar instrumentos en su Iglesia. En 1989 grabó su primera producción "No Te Rindas". Con este disco René se dio a conocer en su natal Puerto Rico convirtiéndose muy pronto en uno de los exponentes musicales cristianos de mayor proyección internacional.

En el transcurso de sus 28 años carrera, ha grabado trece producciones musicales, siendo él mismo el autor y compositor de la mayor parte de sus temas, entre los que se destacan: *"Tu Gracia"*, *"Mi Iglesia"*, *"No Has Terminado Conmigo"*, *"No Te Rindas"*, *"La Fe"*, *"Mi Vida"*, *"Si Tu lo Dices"*, entre otros grandes éxitos. Además es el autor de los libros *"No Desmayes"* y *"Podemos Lograrlo"*.

Se ha presentado en importantes plataformas alrededor del mundo y ha sido merecedor del *Premio Arpa de México*, *Premios Tu Música, Premios Paoli,* entre otros reconocimientos. Asimismo, ha participado en prestigiosos festivales musicales como el *Festival OTI de Puerto Rico* y ha tenido la oportunidad de llevar su mensaje en innumerables eventos masivos, campañas evangelísticas y conciertos a lo largo y ancho de Latinoamérica, los Estados Unidos y Europa.

Más allá de su amplia trayectoria y de su prodigiosa voz y don para llevar la palabra de

Dios, René reconoce que su mayor recompensa es el poder estar cerca de la gente, llevando una inyección de fe.

Hoy en día y aún gozando del reconocimiento internacional que su carrera como cantante y predicador le han dado, René González sigue siendo consistente en el mensaje que comparte: *"Dios es quien levanta, quien trae esperanza a la situación más obscura y es el único en quien debe descansar nuestra fe"*. René es la voz que sigue diciendo: *"No Te Rindas"*.

René González junto a su esposa Damaris Grillo, son los Pastores fundadores de la Iglesia Casa de Júbilo en San Juan, Puerto Rico. Llevan quince años como Pastores principales y a su vez supervisan más de seis iglesias en y fuera de su país. Ambos cuentan con más de veinte años como ministros de la música y la Palabra de Dios.

Para más información acerca
de René González o para invitaciones
a conferencias, talleres o tu próximo
evento, contáctanos:

**www.renegonzalez.org**
**redainvitaciones@gmail.com**
**787.279.0311**

¡Síguenos en nuestras redes sociales!
Facebook:  Rene Gonzalez Oficial
Twitter:       @rgonzaofficial
Instagram:  @rgonzaofficial
Periscope:  @rgonzaofficial